[1] Altes Rathaus

Markt 1, Stadtgeschichtliches Museum: Di–So 10–18 Uhr, am 1. Mittwoch im Monat freier Eintritt

Das Alte Rathaus am Markt ist seit Jahrhunderten das Herz der Stadt und zweifellos der schönste Profanbau Leipzigs. Im Jahr 1556 unter der Leitung des Bürgermeisters Hieronymus Lotter erbaut, repräsentiert es das bürgerliche Selbstbewusstsein einer aufblühenden und später lange dominierenden Handelsstadt in der Mitte Europas. Als 1905 das Neue Rathaus eingeweiht wurde, baute man das nunmehr Alte Rathaus zum Stadtgeschichtlichen Museum um.

Das Alte Rathaus ist auf ganz besondere Weise mit der Musikgeschichte Leipzigs verbunden: In der Syndicusstube neben der Ratsstube hängt das einzige authentische Porträt des Thomaskantors Johann Sebastian Bach. Anlässlich seiner Aufnahme in die Mizlersche »Correspondirende Societät der musikalischen Wissenschaften« saß Bach 1746, vier Jahre vor seinem Tod, dem renommierten Porträtmaler Elias Gottlob Haussmann (1695–1774) Modell. Allein wegen dieses Bildes kommen Musikliebhaber aus der ganzen Welt in das Alte Rathaus.

Schiefertisch in der Ratsstube

Johann Sebastian Bach *1685–1750, Organist, Komponist und Thomaskantor. Bach kam 1723 in der Nachfolge Johann Kuhnaus als Thomaskantor und städtischer Director musices nach Leipzig. Hier entstanden seine wichtigsten Werke: die großen Instrumental- und Vokalkompositonen, Orgel- und Klavierwerke und Kirchenmusiken, darunter das Weihnachtsoratorium, die Matthäus- und die Johannespassion, die h-Moll-Messe, dreizehn Klavierkonzerte, über 300 Kirchenkantaten, die Goldbergvariationen, das Wohltemperierte Klavier. Bachs Grab befindet sich seit 1949 im Chorraum der Thomaskirche.*

In der Ratsstube steht auch noch der originale Schiefertisch, an dem Bach 1723 seine Anstellungsurkunde unterschrieb. Auch in den folgenden 27 Jahren hat Bach immer wieder in der Ratsstube vorgesprochen, lag er doch mit dem Leipziger Rat Zeit seines Lebens im Streit um seine Befugnisse, Einkünfte, Reisemöglichkeiten und vieles andere mehr. Die ständigen Streitigkeiten hatten nur einen Grund: Aus Sicht des Rats war Bach lediglich Lehrer an der Thomasschule und Leiter ihres Chores. Dass er ein Komponist von Weltrang war, vermochte kein Ratsherr zu erkennen.

Die Geschichte der städtischen Musik ist ebenfalls eng mit dem Rathaus verbunden. Als es 1556 erbaut wurde, brachte man an der Nordseite des Festsaals über dem Portal zu den Gerichtsräumen einen Balkon für die Ratsmusiker an. Die »Stadtpfeifer«, wie die Musiker in städtischen Diensten genannt wurden, spielten fortan vom so genannten Pfeiferstuhl aus zu Bällen und Festen auf. Diese Kunstpfeifer waren seit 1479 in städtischem Dienst und sind damit die Väter der Gewandhauskonzerte. Heute finden im Festsaal regelmäßig Konzerte statt.

Pfeiferstuhl

[2] Museum der bildenden Künste

Katharinenstraße 10, Di, Do–So 10–18 Uhr, Mi 12–20 Uhr, jeden 2. Mittwoch im Monat freier Eintritt

Das Museum, entstanden aus einer der ältesten bürgerlichen Gemäldesammlungen Deutschlands, konnte nach Kriegszerstörung und Jahrzehnten des Interims am 4. Dezember 2004 sein neues Haus in Besitz nehmen. Der Bau ist 34 Meter hoch und hat 7000 Quadratmeter Ausstellungsfläche. Zahlreiche Werke des Leipziger Malers und Bildhauers Max Klinger (1857–1920) sind zu besichtigen; sein Hauptwerk, die monumentale Beethoven-Skulptur (1902), die den Musikheroen auf einem Götterthron darstellt, hat einen eigenen Raum. Keine andere Arbeit des Künstlers erreichte jemals wieder soviel öffentliches Interesse. Ludwig van Beethoven selbst war nie in Leipzig, ließ jedoch sämtliche Werke im Leipziger Musikverlag Breitkopf & Härtel drucken. Im Museumsfundus befindet sich auch das Gipsmodell von Klingers geplantem Wagner-Denkmal, dessen Sockel seit 2010 wieder in alter Schönheit erstrahlt (siehe Nr. 44). Die nie ausgeführte Statue des Komponisten sollte im Original 5,20 Meter hoch sein, schlicht in einen weiten Mantel gehüllt.

Ensemble Amarcord
Das Vocalensemble wurde 1992 von ehemaligen Thomanern gegründet; ihr Repertoire umfasst a capella- und Vokalmusik vom Mittelalter bis zur Moderne. Konzerttourneen führten durch die halbe Welt; das Ensemble gewann zahlreiche Preise. 1997 begründete Amarcord in Leipzig das Internationale Festival für Vokalmusik »a capella«, das international besetzt und besucht wird. Zum Ensemble gehören Wolfram und Martin Lattke (Tenöre), Frank Ozimek (Bariton), Daniel Knauft und Holger Krause (Bass).

[3] Stadtgeschichtliches Museum / Musik- und Theatersammlung

Neubau, Böttchergässchen 3, Ausstellungen Di–So 10–18 Uhr, Sammlungen Di 10–17 Uhr (auf Anmeldung, Tel. 0341 965 130)

Hinter dem Museum der bildenden Künste steht der 2003 eingeweihte Neubau des Stadtgeschichtlichen Museums, der neben Ausstellungsräumen die Depots für die Sammlungen und die Bibliothek beherbergt. Zu den größten Schätzen des Museums gehören zahlreiche musik- und theaterwissenschaftliche Archivalien und Autographen, die von Interessenten und Musikwissenschaftlern aus aller Welt benutzt werden, darunter eine Sammlung mit Mendelssohn-Autographen, -Erstdrucken, -Literatur und eine ebensolche zu Richard Wagner. Nahezu 200 000 Objekte umfasst die Sammlung, in der außerdem Gewandhausprogramme, Konzert- und Theaterprogramme, Noten, Tonträger und historische Musikinstrumente vom 17. Jahrhundert bis zur Gegenwart versammelt sind. Die Sammlung ist im Internet recherchierbar und kann nach Voranmeldung benutzt werden.

[4] Alte Börse

Naschmarkt 2

Die Alte Börse hinter dem Rathaus auf dem Naschmarkt ist das älteste Versammlungsgebäude der Kaufleute, gleichzeitig Leipzigs ältester Barockbau, erbaut 1678–1687. Der Entwurf stammt sehr wahrscheinlich von Johann Georg Starcke (1630–1695), dem Oberlandbaumeister von Kurfürst Johann Georg II. (1613–1680). Die freistehende barocke Anlage vereint Elemente des niederländischen und italienischen Barock. Eine doppelläufige Treppenanlage führt nach oben in den ehemals prunkvollen Saal. Hier befanden sich die ersten Senderäume der 1924 gegründeten Mitteldeutschen Rundfunk-A.G., der MIRAG. Im Zweiten Weltkrieg völlig ausgebrannt, wurde die Börse ab 1955 wieder aufgebaut. Der Saal dient, wie schon seit Ende des 19. Jahrhunderts, für kleine Konzerte, Lesungen, Vorträge, Tagungen, Theateraufführungen und Festlichkeiten. Etwa 200 Personen finden im Saal Platz, der auch an Privatpersonen vermietet wird.

Goethe-Denkmal vor der Alten Börse

[5] Alte Nikolaischule

Nikolaikirchhof 2

Die 1512 eröffnete Nikolaischule war die älteste städtische Bürgerschule Leipzigs. Bis 1872 wurde hier unterrichtet, dann musste die Schule aus Platzgründen in ein größeres Gebäude in der Königstraße (heute Goldschmidtstraße) umziehen; heute befindet sich die Schule in der Schönbachstraße.

Zu den Schüler zählte auch Richard Wagner, der die Schule von 1823 bis 1830 besuchte – sie gehört damit zu den wenigen authentischen Wagnerorten in Leipzig. Allerdings machte ihm der Unterricht keine Freude, was sich in seinen Leistungen niederschlug. Statt sich mit Unterrichtsstoff zu befassen, dichtete er in dieser Zeit ein Trauerspiel in fünf Akten: »Leubald und Adelaide«. 1830 wechselte er wegen ungenügender Leistungen an die Thomasschule.

In der spätklassizistischen Aula, 1824–1827 im zweiten Obergeschoss als »Redesaal« erbaut, hat Wagner Musikunterricht erhalten. Es ist der schönste Raum der Schule und bietet seit der Rekonstruktion des Gebäudes 1994 etwa 100 Personen bei musikalischen und literarischen Veranstaltungen Platz. Seit 2011 gibt es hier eine kleine Wagnergedenkstätte. Im ersten Obergeschoss befindet sich das Antikenmuseum der Universität.

Werner Fabricius
1633–1679, Organist und Komponist. Nach musikalischer Ausbildung in Hamburg absolvierte er ein Studium der Rechte in Leipzig und war als Advokat tätig. Gleichzeitig wirkte er als Organist an der Nikolaikirche und ab 1656 als „Director musices Paulini“. Damit war er der erste Musikdirektor der Universität Leipzig. Er komponierte in der Hauptsache geistliche Vokalmusik und kleinere Werke.

[6] Nikolaikirche

Nikolaikirchhof 3, täglich 10–18 Uhr, Führungen Di, Do, Fr 17 Uhr, Sa 11 Uhr, Orgelmusik Sa 17 Uhr

Die Nikolaikirche wurde um 1170/1180 erbaut und ist damit die älteste der Leipziger Stadtkirchen. Vom ursprünglich romanischen Bau stammt das wuchtige Westwerk (Haupteingang), aus dem die drei Türme emporwachsen. Die klassizistische Umgestaltung mit Säulen und Blätterdach erfolgte in den Jahren 1784 bis 1797 unter der Leitung von Adam Friedrich Oeser und Johann Carl Friedrich Dauthe.

Als »director musici« hatte Johann Sebastian Bach die Musik in beiden Stadtkirchen zu besorgen; die sonntäglichen Kantaten wurden alternierend in St. Thomas und St. Nikolai aufgeführt, so dass Bachs Musik in beiden Kirchen gleichermaßen erklang. In St. Nikolai führte er am Karfreitag 1724 erstmals die Johannespassion auf.

Die Orgel von 1862 stammte ursprünglich von Friedrich Ladegast und stellte zur Erbauungszeit die größte Kirchenorgel Sachsens dar. 1902/03 durch die Firma Wilhelm Sauer aus Frankfurt/Oder umgebaut und erweitert, wurde sie genau 100 Jahre später durch die Orgelmanufaktur Hermann Eule in Bautzen neu aufgebaut, wobei die historische Substanz weitgehend

Adam Krieger
1634–1666, Komponist und Kirchenmusiker. Nach einer Ausbildung bei Samuel Scheidt in Halle übernahm Krieger 1655 die Stelle des Organisten an der Leipziger Nikolaikirche als Nachfolger von Johann Rosenmüller. Den Schwerpunkt seines Wirkens setzte er in der figuralen Musik. Auf Krieger geht die Gründung eines Collegium musicum in Leipzig zurück. Im Jahre 1657 rief ihn Kurfürst Johann Georg II. an den sächsischen Hof, 1658 erfolgte seine Berufung zum Hoforganisten.

Bach-Büste in der Nikolaikirche

Moritz Hauptmann
1792–1868, Komponist, Geiger und Musiktheoretiker. Seit 1812 als Geiger in Dresden und seit 1822 in Kassel tätig, wurde Hauptmann 1842 auf Empfehlung von Mendelssohn Thomaskantor und Musikdirektor in Leipzig, 1843 übernahm er außerdem die Stellung eines Lehrers für Musiktheorie am Konservatorium. Gemeinsam mit Otto Jahn gründete er 1850 die Bach-Gesellschaft, deren erster Vorsitzender er wurde, und gab die ersten drei Bände der Bach-Gesamtausgabe heraus.

integriert werden konnte. Bereits seit 1988 wird sie elektrisch betrieben. Die bekanntesten Nikolai-Organisten waren – neben Johann Sebastian Bach – Johann Rosenmüller (1651–1655 im Amt) und Adam Krieger (1655–1657 im Amt), deren Kompositionen heute noch gespielt werden.

In der Nikolaikirche fanden seit Beginn der 1980er Jahre Friedensgebete statt, die den Ausgangspunkt der Friedlichen Revolution im Herbst 1989 bildeten. Die weltberühmt gewordenen Montagsdemonstrationen, die zum Ende der DDR und zur deutschen Wiedervereinigung führten, nahmen in der Nikolaikirche und auf dem Nikolaikirchhof ihren Anfang. Eine Säule auf dem Nikolaikirchhof, eine Nachbildung der Säulen im Innern der Kirche, erinnert daran.

[7] Städtisches Kaufhaus

Neumarkt / Gewandgässchen / Universitätsstraße

An der Ecke von Universitätsstraße und Gewandgässchen steht das Städtische Kaufhaus, in dessen Vorgängerbau sich einst der erste Saal für das Große Konzert befand, eine Unternehmung, die 1743 von Kaufleuten gegründet worden war. Bürger und Adlige, die es sich leisten konnten, zahlten einen Jahresbeitrag und honorierten damit Musiker, anfangs 16 an der Zahl, die regelmäßige Konzerte veranstalteten. Hatte man ursprünglich in Privatwohnungen musiziert, musste man später wegen des großen Andrangs in einen Saal wechseln. Man fand ihn im leerstehenden Dachboden des Kaufhauses der Tuchmacher, dem Gewandhaus, erbaut im 15. Jahrhundert. Nach dem Umbau zum Konzertsaal diente er dem »Gewandhausorchester« von 1781 bis 1884 als Konzertsaal. Hier wirkten u.a. die Gewandhauskapellmeister Johann Adam Hiller, Johann Gottfried Schicht, Felix Mendelssohn Bartholdy und Carl Reinecke. Viele bedeutende musikalische Werke fanden durch das Orchester ihre Uraufführung; hervorragende nationale und internationale Solisten traten im Alten Gewandhaus auf, so Wolfgang Amadeus Mozart, Robert Schumann, Clara Wieck, Carl Maria von Weber, Niccolò Paganini, Franz Liszt, Hector Berlioz, Frédéric Chopin, Richard Wagner und Johannes Brahms. Das Gebäude wurde 1893–1896 teilweise abgebrochen, umgebaut und in den Gebäudekomplex des Städtischen Kaufhauses einbezogen,

Innenhof des Städtischen Kaufhauses

wo heute noch eine Gedenkplakette an den früheren Eingang zum Gewandhauskonzertsaal erinnert.

Im Hofgebäude des Gewandhauses befand sich seit 1844 das erste deutsche Konservatorium, das ein Jahr zuvor, am 2. April 1843, von Felix Mendelssohn Bartholdy gegründet worden war. Mendelssohn, Studiendirektor und selbst Unterrichtender in »Sologesang, Instrumentalspiel und Composition«, konnte namhafte Lehrer gewinnen: Thomaskantor Moritz Hauptmann für Harmonielehre und Komposition, Robert Schumann für Klavier, Komposition und Partiturspiel, Gewandhauskonzertmeister Ferdinand David für Violin- und Nikolaiorganist Ferdinand Becker für Orgelunterricht. Rasch entwickelte sich das Konservatorium zu einer international gefragten Bildungsstätte, woran Lehrer wie Joseph Joachim, Ferdinand Hiller, Clara Schumann und Ignaz Moscheles entscheidenden Anteil hatten. 1887 wurde das neue Gebäude im Musikviertel in der Grassistraße bezogen, wo sich die Hochschule für Musik und Theater »Felix Mendelssohn Bartholdy« noch heute befindet (siehe Nr. 31).

Ignaz Moscheles
1794–1870, Komponist, Pianist und Musikpädagoge. Moscheles studierte in Prag und Wien und war befreundet mit seinem Idol Ludwig van Beethoven. 1825–1846 lebte und arbeitete er in London. 1846 übernahm er auf Einladung seines Freundes Mendelssohn die Klavierklasse am Leipziger Konservatorium. Moscheles galt Zeit seines Lebens als einer der hervorragendsten Klaviervirtuosen Europas, als Pädagoge war er von vorbildlicher Gewissenhaftigkeit.

[8] Hohe Lilie (Kaufhaus Karstadt)

Neumarkt 28

Am Neumarkt 28 an der Ecke zum Preußergässchen stand einst das ehemalige Gast- und spätere Wohnhaus Hohe Lilie, in dem am 13. September 1819 Clara Wieck, die spätere Ehefrau von Robert Schumann, zur Welt kam. Ihre Eltern, die Sängerin Marianne Tromlitz und Friedrich Wieck (1785–1873), Instrumentenhändler, Inhaber einer musikalischen Leihbibliothek und einer der bedeutendsten Musikpädagogen seiner Zeit, bewohnten von 1818 bis 1821 dieses Eckhaus. Ursprünglich war das Haus beim Bau des Kaufhauses Althoff (1912–1914) nicht mit einbezogen worden. Erst nach der Zerstörung im Zweiten Weltkrieg wurde auch dieses Grundstück mit überbaut. Später wohnte Wieck mit seine Tochter Clara 1821–1825 im Salzgässchen Nr. 407, 1825–1835 dann in Selliers Hof in der Reichsstraße / Ecke Grimmaische Straße, heute Handelshof (Steigenberger Grandhotel Leipzig), an dem es eine Gedenktafel gibt.

Kurt Masur
**1927, Dirigent. 1970 zum Gewandhauskapellmeister berufen, war sein Credo die Bewahrung der großen Traditionen des Orchesters bei gleichzeitiger Pflege des Neuen. Unter seiner Leitung gewann das traditionsreiche Orchester internationale Anerkennung; über 900 Tourneen unternahm es in den 26 Jahren unter Masurs Leitung. Als Mitglied der »Leipziger Sechs« hatte Masur bei der Montagsdemonstration am 9. Oktober 1989 großen Anteil daran, dass die Situation nicht eskalierte und nicht auf friedliche Demonstranten geschossen wurde. 1989 wurde er zum Ehrenbürger der Stadt Leipzig ernannt.*

[9] Gewandhaus

Augustusplatz 8, Kartentel. 0341 12 70 280

1743 wurde von musikbegeisterten und reichen Kaufleuten und Adligen das »Große Konzert« begründet, zunächst als private Unternehmung, ab 1840 als städtische Einrichtung. Damit ist es das älteste bürgerliche Orchester Deutschlands. Zuerst auf dem Dachboden der Tuchmacherkaufhalle, dem namengebenden Gewandhaus, musizierend, gab es später verschiedene Spielstätten (siehe Nr. 7 und Nr. 30). Nach der Zerstörung des (zweiten) Gewandhauses 1943/44 spielte das Orchester 35 Jahre lang in Interims, zunächst im Kino Capitol, dann in der Kongresshalle am Zoo. Erst in den 1970er Jahren wurde ein Neubau möglich. 1977 begonnen, konnte das Konzerthaus am Augustusplatz, der erste und einzige Konzerthausneubau in der DDR (erbaut nach Entwürfen von Rudolf Skoda), 1981 eingeweiht werden. Dass dieser Bau überhaupt ausgeführt wurde, war nicht zuletzt ein Verdienst des damaligen Gewandhauskapellmeisters Kurt Masur, der heute Ehrendirigent des Orchesters und Ehrenbürger der Stadt ist. Gewandhauskapellmeister ist zur Zeit

RES SEVERA VERUM GAUDIUM

Riccardo Chailly
**1953, Dirigent. Der aus Mailand stammende Dirigent wurde schon mit 20 Jahren Assistent von Claudio Abbado an der Mailänder Scala, wo er 1978 sein Debüt als Operndirigent gab. Gastauftritte führten ihn durch die Welt, bevor er 2005 Gewandhauskapellmeister und gleichzeitig Generalmusikdirektor der Oper wurde. Sein Repertoire umfasst die großen sinfonischen Werke und Opern wie auch Musik der Gegenwart. Er ist Gast auf großen europäischen Festivals, bei den großen Orchestern der Welt und reist dorthin auch mit dem Gewandhausorchester.*

Riccardo Chailly; sein Vorgänger am Pult Herbert Blomstedt ist Ehrendirigent.

Der sechseckige, eichenholzfurnierte, in Form eines Amphitheaters angelegte große Saal hat 1920 Plätze und verfügt über eine hervorragende Akustik. Die Schuke-Orgel hat 6638 Pfeifen und 89 Register und ist das größte Musikinstrument, das je in der DDR gebaut wurde. Der Mendelssohn-Saal, der für Kammermusik und andere Veranstaltungen, auch Tagungen zur Verfügung steht, hat 500 Plätze. Das über 700 Quadratmeter große Deckengemälde von Sieghard Gille, das besonders bei abendlicher Innenbeleuchtung zur vollen Außenwirkung kommt, ist die größte zeitgenössische Deckenmalerei Europas. Dem Orchester gehören zur Zeit über 180 Musiker an, damit ist es das größte Berufsorchester der Welt. Es ist allerdings nicht nur im Konzertsaal präsent, sondern gleichzeitig im Orchestergraben der Oper und in den Leipziger Kirchen. Ein Teil des Orchesters ist häufig auf Tournee.

Seit Anfangszeiten ist das Seneca-Zitat »Res severa verum gaudium« Sinnspruch des Orchesters: Eine ernste Sache ist eine wahre Freude. Die jährlich etwa 70 Großen oder Abonnement- (Anrechts-) Konzerte des Orchesters werden von Festivals und diversen Gastspielen ergänzt, so dass um die 800 Veranstaltungen im Jahr in diesem Haus stattfinden, besucht von Gästen aus aller Welt.

[10] MDR-Kubus

Augustusplatz 9a

Der schwarze Kubus am City-Hochhaus mit Übergang zum Gewandhaus, 2001 nach Plänen des Dresdner Architekten Peter Kulka gebaut, dient dem Sinfonieorchester des Mitteldeutschen Rundfunks als Probenraum. Die Konzerte finden im benachbarten Gewandhaus statt. Das Orchester, gegründet am 6. Januar 1923, ist das älteste Rundfunkorchester Deutschlands und gleichzeitig eines der ältesten der Welt. Sein Ursprung liegt in dem schon 1915 gegründeten Orchester des Konzertvereins. Es hat sich mittlerweile als bedeutendes Orchester für Neue Musik etabliert. Die zur Zeit 121 Berufsmusiker geben jährlich mehr als 100 Konzerte. Chefdirigent ist seit 2007 Jun Märkl.

Der 1946 gegründete Rundfunkchor ist heute der größte professionelle Konzertchor Deutschland; seine Klangkultur ließ ihn bis in die Weltspitze aufrücken. Seit Mai 1998 ist der Engländer Howard Arman Chordirektor und künstlerischer Leiter. Der MDR-Kinderchor ist der einzige Kinderchor der ARD. Er wurde 1948 von Hans Sandig gegründet, der den Chor über 40 Jahre lang leitete. Die etwa 120 Chorsängerinnen und -sänger zwischen 6 und 19 Jahren werden seit 1990 von Gunter Berger angeleitet.

Jun Märkl
**1959. Der Geiger und Dirigent war u.a. Schüler von Sergiu Celibidache und Leonhard Bernstein. Seine Karriere begann 1991 beim Saarländischen Staatstheater Saarbrücken, es folgte 1994 das Nationaltheater Mannheim (Generalmusik- und Operndirektor) und sein Debüt in den USA 1999 an der Metropolitan Opera. Von 2004 bis 2011 war er Musikdirektor des Orchestre National de Lyon. Seit 2007 ist er Chefdirigent des MDR Sinfonieorchesters in Leipzig.*

[11] Paulinum – Aula und Universitätskirche St. Pauli

Augustusplatz 10/11

An der Stelle des heutigen Neubaus aus Beton stand einst die so genannte Paulinerkirche. Es war die Klosterkirche der Dominikanermönche, erbaut ab 1231, geweiht 1240. Nach der Reformation wurde die Kirche, die schon seit der Universitätsgründung 1409 bevorzugte Begräbnisstätte von Universitätsangehörigen war, vom Rektor Caspar Börner für die Universität reklamiert, zu der sie seit 1543 gehört. Seit dem Bau des Augusteums für die Universität 1836 hatte sie ihren Haupteingang vom Augustusplatz und erhielt 1897 durch Arwed Rossbach eine neogotische Schaufassade. Obwohl sie beim Bombenangriff am 4. Dezember 1943 nicht beschädigt wurde, fiel sie 1968 der Abrisswut des SED-Regimes zum Opfer, das

David Timm
**1969, Pianist, Organist, Dirigent und Chorleiter. Der ehemalige Thomaner und Absolvent eines Kirchenmusikstudiums an der Hochschule für Musik und Theater Leipzig unterrichtete an der Evangelischen Hochschule für Kirchenmusik Halle, seit 1998 an der Leipziger Musikhochschule liturgisches und seit 2002 auch künstlerisches Orgelspiel. Mit dem Saxophonisten Reiko Brockelt gründete er das Jazzduo Timm/ Brockelt. Seit 2005 ist er Leipzigs Universitätsmusikdirektor. Er ist Initiator und treibende Kraft der jährlichen Wagner-Festtage.*

bürgerliche Relikte beseitigen wollte, um eine sozialistische Großstadt zu bauen.

Seit 2004 ersteht neben dem Uni-Campus auch die Kirche wieder neu – in Form eines multifunktionalen Gebäudes, das als Aula und als Kirche genutzt werden soll (Entwurf des Rotterdamer Architekten Erick van Egeraat). Hier wird auch die Universitätsmusik zu Hause sein, die bisher in die Nikolai- bzw. Peterskirche ausweichen musste und zur Zeit unter Leitung von Universitätsmusikdirektor David Timm eine große Rolle im Musikleben der Stadt Leipzig spielt; dazu gehören der Universitätschor (gegründet 1926), das Universitätsorchester (2003), die Uni-Bigband (2006) sowie andere Ensembles. Regelmäßig erklingen die Oratorien von Bach und andere chorsinfonische Werke; jeweils zum Semesterende finden Konzerte des Universitätsorchesters statt, und im zweijährigen Rhythmus gibt es die Leipziger Universitätsmusiktage. Für die große Tradition der Universitätsmusik stehen Namen wie Johann Kuhnau (1701–1722), Johann Adam Hiller (1778–1785), Max Reger (1907–1908) und Wolfgang Unger (1987–2004). Auch Johann Sebastian Bach war durch vielfältige Auftritte und Auftragskompositionen eng mit der Universität verbunden.

[12] Tympanon-Fries vom Neuen Theater

Goethestraße

Die erste feste Spielstätte der Stadt für Theater- und Opernaufführungen entstand 1693 am östlichen Ausgang des Brühl (Richtung Oper); bis dahin hatte man, hauptsächlich zu den Messen, in diversen Etablissements oder im Freien gespielt. Nach Hamburg und Venedig war es das dritte bürgerliche Opernhaus in Europa. Ab 1766 war das sogenannte Komödienhaus auf der Rannischen Bastei (siehe Nr. 45) Schauplatz der Theateraufführungen. Als der Platz nicht mehr ausreichte, entstand 1868 an der damals noch unbebauten Nordseite des Augustusplatzes das Neue Theater, das allein dem Musiktheater vorbehalten blieb. Hier wurde 1878 erstmals außerhalb Bayreuths unter Angelo Neumann Wagners Operntetralogie »Der Ring des Nibelungen« aufgeführt.

Mit dem Neuen Theater ist der knapp zweijährige Aufenthalt von Gustav Mahler in Leipzig verbunden, der hier von Juli 1886 bis Mai 1888 neben Arthur Nikisch als Dirigent wirkte, bevor er nach Budapest ging. In Leipzig entstanden 1888 in sechs Wochen Mahlers 1. Sinfonie und erste Lieder zu »Des Knaben Wunderhorn«.

Beim englischen Bombenangriff auf Leipzig wurde das Neue Theater am 4. Dezember 1943 total zerstört. Heute erinnert nur noch der 1993 an der Seitenfront des neuen Opernhauses zur Goethestraße aufgestellte Tympanon-Fries an das einstige Haus. Die erhaltenen Teile zeigen den Zug der Ceres, des Bacchus und der Ariadne sowie die Allegorie der Lipsia.

Gustav Mahler
1860–1911, Komponist und Dirigent. Mahler kam nach Studien und Engagements in Wien, Kassel und Prag 1886 als Opernkapellmeister nach Leipzig. Es wurde eine glücklose Zeit für den ehrgeizigen Dirigenten. Da er sich die Stelle am Theater mit Arthur Nikisch teilen musste, kam es schon bald zu Rivalitäten. Auch das Orchester konnte seinem Perfektionismus kaum genügen. Nach einem Streit mit dem Oberregisseur Albert Goldberg verließ Mahler im Mai 1888 Leipzig.

[13] Oper Leipzig

Augustusplatz 12, Kartentel. 0341 12 61 261

Der Neubau des Opernhauses am Augustusplatz, 1960 mit Wagners »Die Meistersinger von Nürnberg« in der Inszenierung von Joachim Herz eingeweiht, nimmt die spätklassizistischen Formen des 1943 zerstörten Neuen Theaters (siehe Nr. 12) auf. Die Bühne hat ein Fläche von ca. 30 x 25 Meter mit einer etwa 16 Quadratmeter großen Drehbühne, in 27 Metern Höhe befindet sich der Schnürboden; der Orchestergraben fasst bis 100 Musiker. Der Zuschauerraum hat knapp 1200 Plätze.

Am Pult der Leipziger Opernhäuser standen so namhafte Dirigenten wie Arthur Nikisch, Gustav Mahler und Gustav Brecher. Seit der Aufführung des Singspiels »Der Teufel ist los oder Die verwandelten Weiber« von Johann Adam Hiller 1766 musiziert in der Leipziger Oper das Gewandhausorchester. Die Liste der Uraufführungen ist lang, dazu gehören »Oberon« von Carl Maria von Weber (1826), »Der Vampyr« von Heinrich Marschner (1828), »Zar und Zimmermann« von Albert Lortzing (1837), »Genoveva« von Robert Schumann (1850), »Johnny spielt auf« von Ernst Krenek (1927), »Aufstieg und Fall der Stadt Mahagonny« von Bertolt Brecht und Kurt Weill (1930), »Dienstag« und »Freitag« aus dem Zyklus »LICHT« von Karl Heinz Stockhausen (1993 bzw. 1996 unter Udo Zimmermann).

Joachim Herz
1924–2010, Musikwissenschaftler, Dirigent und Opernregisseur. Der Schüler von Walter Felsenstein kam nach wechselnden Engagements 1959 als Operndirektor nach Leipzig, wo er mit Richard Wagners Oper »Die Meistersinger von Nürnberg« 1960 das nach Kriegszerstörung neuerbaute Opernhaus glanzvoll wiedereröffnete. Seine Aufführung von Wagners »Ring des Nibelungen« (1973–1976) war wohl seine aufsehenerregendste Arbeit, und Patrice Chèreaus »Jahrhundertring« in Bayreuth wäre ohne Herz' Leipziger Inszenierung kaum denkbar. 1976 ging er nach Berlin an die Komische Oper, 1985 nach Dresden an die Semperoper.

Seit 2011 ist Ulf Schirmer Intendant und Generalmusikdirektor, als Chefregisseur wirkt seit 2008 Peter Konwitschny. Zum Ensemble der Oper gehören auch das Leipziger Ballett unter Ballettdirektor Mario Schröder und die Musikalische Komödie mit dem Chefdirigenten Stefan Diederich.

[14] Richard-Wagner-Denkmal

Am Schwanenteich hinter dem Opernhaus steht das erste und bisher einzige vollendete Richard-Wagner-Denkmal seiner Geburtsstadt Leipzig, eine zu Wagners 100. Todestag 1983 aufgestellte, überlebensgroße Bronzebüste, die nach Max Klingers Marmorbüste für die Präsentation Leipzigs auf der Weltausstellung in St. Louis 1904 entstand.

Obwohl schon 1881, noch zu seinen Lebzeiten, im Neuen Theater eine Marmorbüste des Komponisten aufgestellt wurde, war das Verhältnis zu seiner Vaterstadt zwiespältig und ist es bis heute geblieben. Zur Zeit bemühen sich drei Vereine um Wagners »Heimkehr« in seine Geburtsstadt.

Udo Zimmermann **1943, Komponist und Dirigent. Zimmermann arbeitete zwei Jahre als Assistent bei Walter Felsenstein, war danach Dramaturg für zeitgenössische Musik an der Dresdner Staatsoper und Dozent an der dortigen Musikhochschule. 1974 gründete er das Studio Neue Musik. Er gastierte als Dirigent in allen namhaften Musikzentren Europas, bevor er 1990 als Opernintendant nach Leipzig kam und hier zahlreiche Uraufführungen verantwortete, u.a. von Karlheinz Stockhausen, Dieter Schnebel, Jörg Herchet. Auch eigene Opern kamen in dieser Zeit auf den Spielplan. 2001 wurde Zimmermann Generalintendant der Deutschen Oper Berlin.*

[15] Hofmeister-Haus

Büttnerstraße 10

Leipzig ist die Stadt, in der das Musikverlagswesen seinen Anfang nahm; mit Breitkopf & Härtel wurde hier vor etwa 300 Jahren der erste Musikverlag der Welt gegründet (siehe Nr. 21). Im Hofmeister-Haus residiert der 1807 gegründete renommierte Hofmeister Verlag, der anfangs auch mit Klavieren aus eigener Produktion handelte. Der Gründer Friedrich Hofmeister hatte sein Handwerk bei Breitkopf & Härtel und im Bureau de Musique von Hoffmeister & Kühnel gelernt. Er engagierte sich sehr für die Urheberrechte; auf sein Betreiben wurde 1829 die »Conventional-Acte« zum Schutz gegen unerlaubten Nachdruck von den führenden Musikverlegern unterzeichnet und der »Verein der Musikverleger gegen musikalischen Nachdruck« gegründet, aus dem später der Deutsche Musikverleger-Verband (DMV) hervorging. Große Verdienste erwarb sich Hofmeister auf bibliographischem Gebiet, wodurch Leipzig zum Zentrum der Musikbibliographie wurde. Hofmeister verlegte Beethoven, Cherubini, von Weber, Chopin, Dvořák, Liszt, Moscheles, Marschner

Clara Schumann
1819–1896, Pianistin und Komponistin. Die Tochter von Friedrich Wieck erhielt bei ihrem Vater Klavierunterricht. Gemeinsam unternahmen sie außerordentlich erfolgreiche Konzertreisen. Mit Robert Schumann, der ebenfalls bei Wieck Klavierunterricht hatte, entwickelt sich eine intensive Beziehung, die der Vater zu unterbinden sucht, um ihre Selbständigkeit zu erhalten. Gerichtlich setzten beide die vom Vater verweigerte Hochzeit durch, die einen Tag vor Claras Volljährigkeit in der Kirche Leipzig-Schönefeld stattfand. Durch Claras Konzertreisen wurden Roberts Kompositionen bekannt. Nach dem Tod ihres Mannes siedelte sie 1863 nach Baden-Baden, 1878 nach Frankfurt am Main über, wo sie die Stelle der Klavierlehrerin am Hoch'schen Konservatorium übernahm. Sie galt als eine der bedeutendsten Klaviervirtuosinnen des 19. Jahrhunderts.

und Frühwerke von Schumann und Clara Wieck. Junge Komponisten erhielten bei ihm die Chance der Erstveröffentlichung; zahlreiche Schul- und Studienwerke und Standardliteratur stammen aus dem Verlag. 1915 baute man das prächtige Haus in der Karlstraße 10 (heute Büttnerstraße), in dem der Verlag beheimatet war und ist. Sein Programm umfasst Ausgaben für nahezu alle Instrumente, Chor- und Unterrichtsliteratur und Musikalien für die Hausmusik.

[16] Schumann-Haus

Inselstraße 18, Museum: Mi–Fr 14–17 Uhr, Sa/So 10–17 Uhr, Tel. 0341 39 39 620

Im September 1840, nach ihrer Eheschließung in der Kirche zu Schönefeld, zogen Clara und Robert Schumann in das neu erbaute Haus im Leipziger Osten in die Wohnung in der ersten Etage rechts ein.

Robert Schumann war 1828 aus seinem Geburtsort Zwickau zum Studium der Rechte nach Leipzig gekommen, widmete sich aber von Beginn an vor allem der Musik, die sein Lebensinhalt werden sollte, und nahm Klavierunterricht bei Friedrich Wieck, Claras Vater. Schumann begann bald zu komponieren und gründete 1834 in Leipzig die »Neue Zeitschrift für Musik«, mit der er die moderne Musikkritik ins Leben rief. Clara und er heirateten am 12. September 1840 gegen den berechtigten Widerstand Wiecks durch gerichtlich herbeigeführten Beschluss – einen Tag vor Claras Volljährigkeit, die ihr das bisher durch europaweite Konzerte angesammelte Vermögen gesichert hätte, das nun aber vom Vater auf den Ehemann überging. Die Klaviervirtuosin machte in der Folgezeit Schumanns Werke in ganz Europa bekannt.

Bis 1844 lebte das Paar im heute so genannten Schumann-Haus. Felix Mendelssohn Bartholdy, Franz Liszt, Hans Christian Andersen, Richard Wagner, Hector Berlioz und viele andere gingen hier ein und aus, und man veranstaltete gemeinsame Konzerte. 1843 holte Mendelssohn Schumann an das neugegründete Leipziger Konservatorium, doch schon 1844 ging die Familie nach Dresden, später nach Düsseldorf, wo Schumann in der Nachfolge von Ferdinand Hiller Städtischer Musikdirektor wurde. Seine Leipziger Jahre waren nach eigenem Bekunden die schaffensreichsten und glücklichsten seines Lebens. Hier entstanden außer der Frühlingssinfonie Teile des Klavierkonzerts a-Moll, Liederzyklen und Kammermusik; Clara komponierte hier etliche Klavierwerke und ihren Liederzyklus op. 113.

Heute ist im Haus eine musisch ausgerichtete freie Grundschule untergebracht. Die ehemalige Wohnung der Schumanns ist als Museum eingerichtet, das an das Leben und Wirken der beiden Musiker erinnert und in dem u. a. ein in der Wieckschen Werkstatt gefertigter Flügel aus dem Jahr 1860 zu sehen ist.

Robert Schumann
1810–1856, Komponist und Musikschriftsteller. Schumann kam 1828 zum Studium der Rechte nach Leipzig und nahm bei Friedrich Wieck Klavierunterricht, dessen Tochter Clara er 1840 gegen den Widerstand des Vaters heiratete. 1834 begründete Schumann in Leipzig die »Neue Zeitschrift für Musik« und mit ihr die modernen Musikkritik. Ab 1844 war er in Dresden, ab 1850 in Düsseldorf tätig. Schumann gilt als einer der bedeutendsten Komponisten der Romantik.

Johann Friedrich Rochlitz
1759–1842, Erzähler, Dramatiker und Musikschriftsteller. Rochlitz besuchte die Thomasschule und studierte 1789–1791 in Leipzig Theologie und Philosophie. 1798 begründete er die »Allgemeine Musikalische Zeitung«, deren Redakteur er bis 1818 war. Rochlitz war mit zahlreichen Persönlichkeiten seiner Zeit bekannt und befreundet. Während eines Aufenthalts in Wien machte er auch die Bekanntschaft von Beethoven und Franz Schubert, der 1827 drei Gedichte von Rochlitz vertonte.

[17] Alter Johannisfriedhof

Der Johannisfriedhof, auf dem seit dem 14. Jahrhundert bestattet wurde, fungierte ab 1536 als die offizielle Begräbnisstelle der Stadt. Auch zahlreiche Musiker fanden hier ihre letzte Ruhestätte, darunter 1750 Johann Sebastian Bach, dessen Grab aber vergessen war, bis man es Ende des 19. Jahrhunderts suchte und wiederfand. Seine Gebeine wurden zunächst in eine Gruft in der Johanniskirche umgebettete, bis sie nach deren Zerstörung im Zweiten Weltkrieg 1949 in der Thomaskirche ihren Platz fanden.

Als der Friedhof 1850 für Begräbnisse geschlossen werden sollte (was allerdings erst 1883 geschah), wurde die Abteilung I als erste aufgehoben und die Gräber eingeebnet. Darunter befanden sich u.a. die Grabstätten der Thomaskantoren Johann Friedrich Doles, Johann Adam Hiller und Johann Gottfried Schicht. Auf der vorderen Fläche wurde 1925–1929 das Grassi-Museum erbaut (siehe Nr. 18). Ab 1981 zwecks Sanierung gesperrt und nicht mehr begehbar, konnte der Friedhof 1995 wieder für die Öffentlichkeit zugänglich gemacht werden. Heute sind hier auch Grabmale zu sehen, die vom aufgelösten Neuen Johannisfriedhof überführt wurden. So findet sich nun auf dem Alten Johannisfriedhof die Grabstätte von Richard Wagners Mutter Johanna und seiner Schwester Rosalie. Auch die seines Lehrers, des Thomaskantors Christian Theodor Weinlig, ist erhalten, ebenso wie das Grab des Pianisten und Komponisten Ludwig Schuncke, Freund Robert Schumanns, das des Musikkritikers und -schriftstellers Johann Friedrich Rochlitz und die Grabstätte des Komponisten Carl Friedrich Zöllner, dessen Wanderlied »Das Wandern ist des Müllers Lust« wohl jedem bekannt ist.

Grabstätte von Johanna und Rosalie Wagner

[18] Museum für Musikinstrumente der Universität Leipzig

Johannisplatz 5–11, Di–So 10–18 Uhr,
Tel. 0341 97 30 750

Der Komplex das Grassi-Museums beherbergt neben dem Museum für Angewandte Kunst und dem Völkerkundemuseum auch das größte und bestandsreichste deutsche Musikinstrumentenmuseum, die zweitgrößte Sammlung Europas mit mehr als 5000 Instrumenten.

Es geht auf die Sammlung des Holländers Paul de Wit zurück, der schon 1886 seine Instrumentensammlung im heutigen Bachmuseum am Thomaskirchhof (siehe Nr. 38) ausstellte. Die stark erweiterte Sammlung wurde später von der Universität erworben, und 1929 konnte das Museum als universitäre Einrichtung, die auch der Lehre und Forschung dient, eröffnet werden. Unter den europäischen (16.–21. Jahrhundert), außereuropäischen (18.–20. Jahrhundert) und mechanischen Musikinstrumenten und historischen Tonträgern beherbergt das Museum ausgesprochene Raritäten wie das älteste zu datierende Clavicord von 1543, den ältesten erhaltenen Hammerflügel des Erfinders dieser Technik Bartolomeo Cristofori aus dem Jahr 1726 und Instrumente aus Leipziger Werkstätten der Bach-Zeit. An der Wende vom 19. zum 20. Jahrhundert war Leipzig die Hochburg mechanischer Musikinstrumente, wie die Sammlung eindrucksvoll belegt. Auch Kuriositäten wie Taschengeigen oder Giraffenflügel sind zu sehen. Eine ikonographische Sammlung von etwa 400 Bildwerken mit Musikern, Musizierweisen und Instrumenten des 16. bis 20. Jahrhunderts vervollständigt den Bestand.

Die ständige Ausstellung »Die Suche nach dem vollkommenen Klang« ist chronologisch geordnet und gewährt nicht nur Einblick in die Leipziger Musikgeschichte, sondern in die Welt der Musikinstrumente

Carl Friedrich Zöllner
1800–1860, Komponist. Zöllner besuchte ab 1814 die Thomasschule und studierte ab 1819 Theologie in Leipzig, übernahm aber schon 1820 die Stelle des Gesangslehrers an der Leipziger Ratsfreischule. 1822 richtete er ein privates Musikinstitut ein, an dem vor allem der Chorgesang gepflegt wurde. 1833 eröffnete er den ersten Zöllner-Verein, dem die Gründung zahlreicher weiterer von ihm geleiteter Männergesangsvereine folgte. In einem Festkonzert zu Schillers 100. Geburtstag dirigierte er zwanzig Vereine. Diese schlossen sich nach seinem Tode zum Leipziger Zöllnerbund zusammen, der bis 1945 bestand.

SOLI DEO
GLORIA

aller bedeutenden musikhistorischen und instrumentenbautechnischen Epochen. Für das Fachpublikum steht eine umfangreiche Studiensammlung zur Verfügung. Ein neu entwickeltes 3D-Soundsystem macht die Musik vergangener Jahrhunderte hörbar, und im Klanglabor gibt es Musikinstrumente zum Anfassen und Ausprobieren. Das Museum bietet Veranstaltungen wie Führungen, Konzerte, Vorträge für jedes Alter.

[19] Musikbibliothek Peters

Goldschmidtstraße 26

Das Gebäude der ehemaligen Musikbibliothek Peters wird heute als Wohnhaus genutzt. Max Abraham, Inhaber des Musikverlages C.F. Peters, hatte hier 1894 die erste deutsche öffentlich zugängliche Musikbibliothek gestiftet. Grundstock der Sammlung waren die Bestände von Alfred Dörffels 1861 gegründeter »Leihanstalt für musikalische Literatur« in Leipzig mit etwa 8000 Bänden; diese ergänzte Abraham durch Ankäufe: diverse Handschriftensammlungen mit Autographen von Bach, Händel und Mozart bis Mendelssohn und Schubert, Notenausgaben, meist Erstdrucke, Textbücher, auch Gemälde, in der Mehrzahl Porträts, und Plastiken. Drei Jahre vor seinem Tod bestimmte Max Abraham, dass seine Sammlung geschlossen in Leipzig bleiben solle. Nach wechselvoller Geschichte gelangten die umfangreichen und zum Teil sehr seltenen Bestände an Autographen, Handschriften, Erst- und Frühdrucken, Musikliteratur und Musikalien in die Musikbibliothek der Städtischen Bibliotheken Leipzig (siehe Nr. 27).

1814 hatte der Buchhändler Carl Friedrich Peters (1779–1827) das Bureau de Musique von Hoffmeister & Kühnel gekauft und dem Musikalienverlag seinen Namen gegeben. Ab 1863 war Max Abraham (1831–1900) Teilhaber, später Inhaber, der den Verlag an seinen Neffen Henri Hinrichsen (1868–1942) weitergab. Hinrichsen war ein großzügiger und weitblickender Stifter, auf seine und Henriette Goldschmidts Initiative und mit seinem Geld wurde die erste Hochschule für Frauen in Deutschland gegründet, und 1926 konnte die Universität mit den von Hinrichsen gestifteten 200 000 Reichsmark die Musikinstrumenten-Sammlung Wilhelm Heyer (Köln) kaufen, die einen Grundstock für das Musikinstrumentenmuseum

Hanns Eisler
1898–1962, Komponist und Musiktheoretiker. Eisler wurde in der Leipziger Hofmeisterstraße 14 geboren, doch zog die Familie bereits drei Jahre später nach Wien. Hier war er Schüler von Arnold Schönberg. Als wichtigster Komponist der Werke von Bertolt Brecht, mit dem er auch freundschaftlich eng verbunden war, kehrte er nach Jahren des Exils in den USA, wo er 1947 wegen »unamerikanischen Verhaltens« ausgewiesen wurde, nach Europa zurück und lebte ab 1949 in Ost-Berlin. Hanns Eisler ist der Komponist der DDR-Nationalhymne.

Grieg-Büste im Garten der Musikbibliothek Peters

bildete (siehe Nr. 18). 1938 wurde der Verlag »arisiert«, 1942 wurde Hinrichsen im KZ Auschwitz ermordet, auch zwei seiner Söhne, einer seiner Schwiegersöhne und dessen Kinder. Seine Söhne Max und Walter waren rechtzeitig aus Nazi-Deutschland geflohen und hatten in London die Peters Edition bzw. in New York die C.F. Peters Corporation gegründet. 1945 kam Walter Hinrichsen als amerikanischer Offizier nach Leipzig und erhielt den Verlag seines Vaters zurück.

Der Leipziger Verlag wurde noch einmal durch die SED enteignet und zu Volkseigentum erklärt. Bis heute besteht der Verlag in Frankfurt am Main, und die Erben fordern die Musikbibliothek zurück. Seit 2004 ist die Sammlung Gegenstand einer gerichtlichen Auseinandersetzung mit den Erben von Henri Hinrichsen. Die Kläger sind der Auffassung, dass sie nach der Enteignung und Ermordung Henri Hinrichsens durch die Nationalsozialisten und die erneute Enteignung in der DDR nunmehr ein drittes Mal enteignet würden.

Edvard Grieg
1843–1907, norwegischer Komponist. 1858–1862 studierte Grieg am Leipziger Konservatorium bei Carl Reinecke, Louis Plaidy, Ernst Ferdinand Wenzel und Ignaz Moscheles. Ab 1874 lebte er mit Staatssold als freischaffender Komponist teils in Bergen, teils in Oslo, teils in Lofthus am Sorfjord und unternahm Reisen durch ganz Europa als Pianist und Dirigent. 1880–1882 war er Dirigent des Orchesters der Musikgesellschaft »Harmonie« in Bergen. Griegs größte Bedeutung liegt in der Klavier- und Kammermusik. Von seinen Orchesterwerken erfreuen sich die beiden Peer-Gynt-Suiten, die Holberg-Suite und das Klavierkonzert bis heute außerordentlicher Beliebtheit.

[20] Grieg-Begegnungsstätte

Talstraße 10, Mi–Fr 14–17 Uhr, Sa 10–14 Uhr, Tel. 0341 99 39 661

Im Jahr 1874 bezog der Verlag C.F. Peters sein eigenes Verlagsgebäude in der Talstraße 10, das 1873 vom Architekten Otto Brückwald (1841–1917) errichtet worden war, nach dessen Plänen zur gleichen Zeit das Bayreuther Festspielhaus erbaut wurde. Am 7. November 2005 zog die Grieg-Begegnungsstätte in dieses traditionsreiche Haus ein.

Im Herbst 1858 war Edvard Grieg als 15-Jähriger zum Studium nach Leipzig gekommen, das er mit Unterbrechung wegen einer beginnenden Tuberkulose, an der er zeitlebens leiden sollte, 1862 erfolgreich abschloss. Ganz anders als der junge Goethe knapp 100 Jahre vorher empfand er Leipzig aber überhaupt nicht als modern, vielmehr hatte er den Eindruck, dass ihm in »dem mittelalterlichen Leipzig die hohen, finsteren unheimlichen Häuser und die engen Straßen fast den Atem benahmen.« Die überwältigenden musikalischen Erlebnisse entschädigten ihn zwar vollauf, trotzdem kultivierte Grieg eine lebenslange Abneigung gegen die Stadt, die mit den Jahren sogar noch zunahm, was seine Biographen auf die kühle bis ablehnende Haltung der konservativen Leipziger Musikpresse gegenüber

Griegs Kompositionen zurückführten. An seinen Biographen Gerhard Schjelderup schrieb Grieg: »Leipzig war trotz Konservatorium und Universität nie eine Stadt von Niveau und wird es nie werden. Dazu ist die Bevölkerung viel zu kleinbürgerlich und philisterhaft.«

In Leipzig hatte er Unterricht beim berühmtesten Pianisten der Schule, bei Ignaz Moscheles. Bei Ernst Friedrich Richter studierte er Harmonielehre und Kontrapunkt, bei Carl Reinecke Komposition. Bei C.F. Peters, also Max Abraham, wurden schon 1863 erste Werke von Grieg gedruckt, als er noch völlig unbekannt war; 1889 schloss Grieg dann einen Generalvertrag mit Abraham ab, so dass fortan alle seine Kompositionen bei C.F. Peters erschienen. Abraham und Grieg verband bald eine enge Freundschaft; hier im Haus wohnte der Komponist auch, wenn er in Leipzig war. Im Gewandhaus wurden einige seiner Werke uraufgeführt: 1887 die Violinsonate op. 45, 1888 die erste Peer-Gynt-Suite. Auch trat er häufig als Pianist in Gewandhauskonzerten auf.

Heute können sich Interessenten hier über Edvard Grieg informieren und bei den Aktivitäten des Vereins, wie Konzerten, Vorträgen, Seminaren und Lesungen dabei sein. Auch die deutsch-norwegische Freundschaftsgesellschaft nutzt die Räume für Treffen und Norwegischkurse.

Eingangstür

[21] Breitkopf & Härtel

Nürnberger Straße (Bauhofstraße 3)

Der Verlag Breitkopf & Härtel, 1719 gegründet, gilt als der älteste Musikverlag der Welt. Johann Gottlob Immanuel Breitkopf erfand um 1755 den Notendruck mit teilbaren und beweglichen Typen, so dass fortan größere Mengen Musikalien in besserer Qualität hergestellt werden konnten. 1800 übernahm der bisherige Teilhaber Gottfried Christoph Härtel den Verlag, der seitdem unter dem Namen Breitkopf & Härtel zu Weltruhm gelangt ist. Härtel besaß einen sicheren Sinn für Qualität und war der erste Verleger, der den Komponisten ein Honorar zahlte. Bei Breitkopf & Härtel erschienen die erste Gesamtausgabe von Mozarts Werken (ab 1798) und die erste Sammlung der Klavierwerke von Joseph Haydn (ab 1799); nach 1800 wurde Breitkopf & Härtel zum Hauptverlag Ludwig van Beethovens. Großen Einfluß übte seit 1798 die »Allgemeine musikalische Zeitung« (bis 1848) aus. Im Laufe des 19. Jahrhunderts erschienen die Werke fast aller bedeutenden deutschen Komponisten bei Breitkopf & Härtel, u.a. Mendelssohn, Schumann, Liszt, Wagner und Brahms. 1867 zogen Verlag und Druckerei aus der Leipziger Innenstadt in das neu erbaute Industriegebäude an der Nürnberger Straße um. Um 1900 beschäftigte das Unternehmen etwa 1000

Johann Gottlob Immanuel Breitkopf *1719–1794, Buchdrucker und Verleger. Nach dem Besuch der Nikolaischule absolvierte Breitkopf bei seinem Vater Bernhard Christoph Breitkopf eine Buchdruckerlehre. 1745 übernahm er das väterliche Unternehmen und entwickelte es zur bedeutendsten deutschen Buchdruckerei und Schriftgießerei. 1754 erfand er den Notensatz mit beweglichen Notentypen und begann mit dem Aufbau einer Notendruckerei, die sich schnell zum führenden Unternehmen von europäischem Ruf entwickelte; parallel dazu begründete er einen ausgedehnten Musikalienhandel und Musikverlag. Bei seinem Tod zählte die Buchdruckerei zu den größten Europas, umfasste 400 verschiedene Schriftgattungen und 16 Sorten Noten und beschäftigte 120 Arbeiter. Geschäftssitz bis 1867 war das Haus »Zum goldenen Bär« in der heutigen Universitätsstraße.*

Arbeiter und Angestellte. 1952 wurde der Verlag in der DDR enteignet und in Volkseigentum überführt; bereits 1945 hatten die Inhaber ein neues Unternehmen in Wiesbaden begründet. 1991 konnte nach zähen Verhandlungen die Rückgabe des enteigneten Leipziger Verlages erwirkt werden, seitdem firmiert der Verlag unter dem Namen »Breitkopf & Härtel – Wiesbaden, Leipzig, Paris«.

[22] Mendelssohn-Haus

Goldschmidtstraße 12, täglich 10–18 Uhr,
So 11 Uhr Konzert, Tel. 0341 12 70 294

Am 4. Oktober 1835 gab der erst 26jährige Felix Mendelssohn Bartholdy sein erstes Konzert als Gewandhauskapellmeister, u.a. dirigierte er seine Ouvertüre »Meeresstille und Glückliche Fahrt«. Der Beifall war überwältigend und blieb es fortan. Der charismatische Spross aus großbürgerlichem Haus entwickelte das Orchester in kürzester Zeit zu einem der herausragenden Ensembles in Europa. Er führte Historische Konzerte ein und erinnerte damit wieder an Händel und Haydn, Mozart und Beethoven, Gluck, Cimarosa und Donizetti, und er holte den vernachlässigten Bach in den Konzertsaal. Er engagierte sich gleichermaßen für Zeitgenossen wie Robert Schumann, Liszt und

Felix Mendelssohn Bartholdy
1809–1847, Komponist und Dirigent. Mendelssohn, seit 1835 Gewandhauskapellmeister in Leipzig, leitete eine Wiederbelebung der nahezu vergessenen Musik Bachs ein. 1843 gründete er in Leipzig das erste deutsche Konservatorium (heute Hochschule für Musik und Theater »Felix Mendelssohn Bartholdy« Leipzig). Als Komponist, Dirigent, Instrumentalsolist und Lehrer war Mendelssohn der herausragende, universell gebildete europäische Musiker der ersten Hälfte des 19. Jahrhunderts.

Berlioz. Im Gewandhaus führte er seine Schottische Sinfonie und sein Violinkonzert e-Moll erstmals auf, auch Schumanns Sinfonien und Schuberts große C-Dur-Sinfonie. 1841 erklang erstmals wieder die Bachsche Matthäuspassion in der Thomaskirche, nach mehr als hundert Jahren, unter Mendelssohns Leitung. Der Bachverehrer stiftete das erste Bachdenkmal (siehe Nr. 37), bearbeitete Bachs Klavierwerke, gab seine Orgelkompositionen heraus und war die treibende Kraft der Bach-Renaissance und posthumen Kanonisierung des einstigen Thomaskantors in Deutschland. 1843 gründete Mendelssohn das erste deutsche Konservatorium (siehe Nr. 7) und schuf damit völlig neue Inhalte und Strukturen der musikalischen Ausbildung. Nur zwölf Jahre lebte und arbeitet der geniale Komponist, Pianist und Dirigent in der Stadt, die seine private und künstlerische Heimat wurde. Die Spuren, die er hinterließ, sind unübersehbar.

Das damals gerade neu erbaute klassizistische Haus in der heutigen Goldschmidtstraße bezog Mendelssohn 1845 mit seiner Ehefrau Cécile und vier Kindern. Hier kam seine jüngste Tochter Elisabeth, genannt Lili, zur Welt. Hier gingen die Schumanns, Carl und Henriette Voigt, Nils W. Gade, Joseph Joachim, Ignaz Moscheles, Ferdinand David ein und aus. Hier lebte und arbeitete Mendelssohn bis zu seinem frühen Tod am 4. November 1847.

Heute gehört das Haus der Internationalen Mendelssohn-Stiftung, die nach einer Grundsanierung 1997 die Gedenkstätte einrichtete. Vor allem die originalen Möbel, Briefe, Notenautographe, Gemälde, ein Modell des Gewandhauses zur Mendelssohn-Zeit und Aquarelle von seiner Hand lassen die Zeit des genialen Musikers lebendig werden. Der Musiksalon ist wie zu Mendelssohns Zeiten Mittelpunkt der Wohnung, hier finden sonntägliche Konzerte statt. Zu den jährlichen Mendelssohn-Festtagen des Gewandhauses im September kommen Besucher aus aller Welt.

Im Mendelssohn-Haus befindet sich seit 1997 auch das Institut für Musikwissenschaft der Leipziger Universität, 1908 von Hugo Riemann als Collegium Musicum gegründet. Heute sind rund 250 Studierende im Bachelor-/Masterstudiengang Musikwissenschaft eingeschrieben. Hier ist auch die Zweigstelle Musikwissenschaft der Universitätsbibliothek untergebracht. Zum Institut gehört das Museum für Musikinstrumente der Universität (siehe Nr. 18).

[23] Moritzbastei

Universitätsstraße 9, Tel. 0341 70 259, Büro Mo–Fr 10–18 Uhr, Café Mo–Fr ab 10, Sa ab 12, So ab 9 Uhr

Hermann Abendroth 1883–1956, Dirigent. Nach Engagements in München, Lübeck, Essen, Amsterdam u. a. wurde Abendroth 1934 Gewandhauskapellmeister in Leipzig und Professor am Konservatorium. Sein Vorgänger, der »Jude« Bruno Walter, war aus Leipzig vertrieben worden. Abendroth war Mitglied der NSDAP und hatte deshalb 1945 kurze Zeit Dirigierverbot, wurde dann aber an die Staatskapelle Weimar berufen, 1949–1954 leitete er das Leipziger Rundfunk-Sinfonieorchester.

Die Moritzbastei ist der einzige erhaltene Teil der Stadtbefestigung, erbaut im 16. Jahrhundert. 1973 entdeckten Studenten auf der Suche nach Räumen für einen Club die Reste der Moritzbastei. Im Jahr 1974 wurde die Moritzbastei an die Studenten der Karl-Marx-Universität (heute Universität Leipzig) übergeben. In 150 000 unbezahlten Arbeitsstunden schippten ca. 30 000 Studenten rund 40 000 Kubikmeter Schutt. Im Dezember 1979 konnte der erste Bauabschnitt, der heutige Oberkeller, in Betrieb genommen werden, und ab 5. Februar 1982 nannte sich die Bastei Europas größter Studentenclub. Heute ist die Moritzbastei eine kommerziell betriebene GmbH und mit jährlich über 250 000 Gästen Leipzigs größtes kulturelles Zentrum, das sich zur wichtigsten (sub)kulturellen Adresse in Leipzigs Nachtleben entwickelt hat. Studentenparties, Disco und Live-Konzerte zu studentenfreundlichen Preisen stehen wöchentlich auf dem Programm. Die Moritzbastei pflegt das akademisch-kulturelle Leben in Leipzig. Hier gastieren Künstler aus aller Welt, Rock und Pop-Konzerte wechseln sich ab mit Theatervorstellungen, Filmen, Lesungen, Jazzfestivals. Café Barbakane, Schwalbennest, Fuchsbau und Terrasse laden zum Besuch der Konzerte und anderer Veranstaltungen ein.

[24] Schumann-Denkmal

Hinter der Moritzbastei, in den Grünanlagen am Fuße des Promenadenhügels, steht das weltweit erste Denkmal für Robert Schumann, eingeweiht am 8. April 1875, das von dem Leipziger Juristen Dr. Philipp Curt Fiedler (1840–1919) gestiftet wurde. Am drei Meter hohen Obelisken aus poliertem grauen Syenit ist ein Medaillon aus Bronze angebracht, das Schumann im Profil zeigt. Der Leipziger Architekt Bruno Leopold Grimm hatte den Obelisken entworfen. Das Medaillon stammt vom Bildhauer Heinrich Natter (1846–1892); es wurde 1913 und, nachdem es um 1974 abhanden gekommen war, nochmals 1980 erneuert.

[25] Musikalienhandlung M. Oelsner

Schillerstraße 5, Mo–Mi, Fr 9–18.30 Uhr,
Do 9–19 Uhr, Sa 9–13 Uhr, Tel. 0341 96 05 200

Die weit über die Grenzen Leipzigs hinaus bekannte Musikalienhandlung M. Oelsner mit ihrem jetzigen Inhaber Michael Rosenthal ist Teil der reichen Musiktradition der Stadt Leipzig. Die Firma ging aus einer 1860 von Karl Gustav Stangel gegründeten Antiquariatsbuchhandlung hervor. Maximilian Oelsner (1859–1912) übernahm 1880 das Geschäft. Seit 1969 ist dessen Urenkel, der Musikalienhändler Michael Rosenthal, Inhaber einer der ältesten deutschen Notenhandlungen. Musiker, Musikfreunde,

Ursula Cain
**1927. Die Tänzerin und Tanzpädagogin kam nach verschiedenen Engagements 1952 als Solotänzerin an die Städtischen Theater Leipzig; ein Jahr später war sie Erste Solotänzerin. Hier tanzte sie in zahlreichen Choreographien und auch im Festprogramm zur Wiedereröffnung der Leipziger Oper 1960. 1962 beendete sie ihre aktive Bühnenlaufbahn. Seit 1979 ist sie Tanzpädagogin für modernen Tanz an der Leipziger Ballettschule und Leiterin der Kinderklassen.*

Studenten und Schüler in- und außerhalb Leipzigs gehören zu den Kunden und Freunden der einzigen Musikalienhandlung Leipzigs. Verkauft werden Blockflöten, Klassik-CDs, Karten für Konzerte, Opern- und Theateraufführungen, vor allem aber Musikbücher und Noten, und es gibt ein Musikantiquariat. Im oberen Saal finden kleine musikalische und literarische Veranstaltungen statt.

[26] Musikschule »Johann Sebastian Bach«

Petersstraße 43

An der 1951 gegründeten städtischen Musikschule »Johann Sebastian Bach« erhalten zur Zeit etwa 7500 Schüler, Jugendliche und Erwachsene, von 290 Lehrkräften eine Ausbildung in über 30 vokalen und instrumentalen Fächern sowie im Bereich Tanz. In jedem Schuljahr gibt es zahlreiche musikalische Veranstaltungen wie öffentliche Schülervorspiele, Podien, Freitagskonzerte, das Konzert-Vor-Mittag und zahlreiche andere, wie die des Fachbereichs Tanz, Konzerte des Fachbereichs Popularmusik und für die Kleinsten die Bambinokonzerte, viele davon im Kurt-Masur-Saal des Hauses, etliche auch in anderen Sälen. Die Konzerte des Jugendsinfonieorchesters finden im Gewandhaus statt, die Bambinokonzerte im Theaterhaus des Evangelischen Schulzentrums (Otto-Schill-Straße).

[27] Stadtbibliothek / Musikbibliothek

Wilhelm-Leuschner-Platz 10–11, bis 2012 im Interim: Städtisches Kaufhaus, Neumarkt 9, Treppenhaus E, Mo, Di, Do, Fr 10–19 Uhr, Mi 13–19 Uhr, Sa 10–14 Uhr, Tel. 0341 123 53 46

Die zweitgrößte öffentliche Musikbibliothek Deutschlands (nach der Musikbibliothek der Münchner Stadtbibliothek Am Gasteig) verfügt über umfangreiche, zum Teil äußerst seltene Bestände an Autographen, Handschriften, Erst- und Frühdrucken, Musikliteratur und Musikalien, Tonträgern, Archivfilmen, Bildern, Grafiken und Medaillen. Als öffentliche Musikbibliothek stellt sie sich den umfangreichen Aufgaben und Verpflichtungen gegenüber den Bürgerinnen und Bürgern der Stadt Leipzig, die für Ausbildung, Freizeit und Musikinteresse Noten, Bücher und CDs ausleihen, ebenso wie den wissenschaftlichen Anfragen, die aus dem In- und Ausland zu dem außergewöhnlichen Altbestand gestellt werden. Der Bestand an sehr alten und vielen seltenen Musikalien stammt im Kern aus der Musikbibliothek Peters (siehe Nr. 19), deren Sammlungen seit Jahrzehnten systematisch ausgebaut worden sind.

Uwe Scholz
1958–2004, Tänzer, Choreograf, Ballettdirektor. Nach Ausbildung bei John Cranko und Marcia Heydée und Tätigkeit in Stuttgart und Zürich kam Scholz 1991 als Chefchoreograf an die Leipziger Oper, wo er Ballette von internationalem Rang schuf. Er war ab 1993 Professor an der Leipziger Musikhochschule und Mitbegründer der Freien Akademie der Künste zu Leipzig. Seine Pläne, u.a. eine Choreografie zu Richard Wagners »Ring des Nibelungen«, wurden durch seinen frühen Tod zunichte gemacht.

BUNDESVERWALTUNGSGERICHT

[28] Bundesverwaltungsgericht

Simsonplatz 1, Karten, Infos: Tel. 0341 20 071 999

Festsaal im Bundesverwaltungsgericht

Im Musikviertel steht das wohl schönste Gerichtsgebäude Deutschlands, das einen außergewöhnlichen Rahmen für anregende Kunst-, in erster Linie Musikerlebnisse bietet. Das Gebäude wurde als Reichsgericht zwischen 1888 und 1895 von den Architekten Ludwig Hoffmann und Peter Dybwad errichtet. Der Bau ist der italienischen Spätrenaissance und dem französischen Barock verpflichtet. Die hohe Kuppel ist mit der Skulptur »Wahrheit« bekrönt. Die Skulpturen, Plastiken und aufwändigen Wandmalereien im Inneren haben vor allem Untersuchung, Urteil, Vollstreckung und Gnade zum Inhalt. Besonders prachtvoll gestaltet ist der Große Sitzungssaal, an dessen Wänden Sinnbilder und Wappen aller damaligen Bundesstaaten prangen. Seit 2002, nach umfangreichen Sanierungen des im Krieg teilzerstörten Gebäudes, ist hier das Bundesverwaltungsgericht untergebracht, das Oberste Gericht der Bundesrepublik Deutschland in öffentlich-rechtlichen Streitigkeiten. Die historischen Sitzungssäle und auch das großzügige Foyer eignen sich mit ihrer guten Akustik besonders für Konzerte und Lesungen. Soweit es der Justizbetrieb erlaubt, veranstaltet der Verein Kunst und Justiz hier musikalische und literarische Aufführungen mit namhaften Künstlern.

[29] Mendelssohn-Denkmal

In den Grünanlagen neben dem Bundesverwaltungsgericht steht auf 2,30 Meter hohem Sockel die Bronze-Büste Felix Mendelssohn Bartholdys, entworfen von Walter Arnold (1909–1979), gegossen von der Bronzebildgießerei Noack. Sie wurde 1947 eingeweiht und war das erste Denkmal Leipzigs nach dem Zweiten Weltkrieg. Die Büste sollte an das von den Nationalsozialisten 1936 in einer Nacht- und Nebelaktion entfernte Denkmal des »Juden« Mendelssohn erinnern, das seit 1892 vor dem Zweiten Konzerthaus gestanden hatte, entworfen vom Bildhauer Werner Stein. Trotz intensiver Nachforschungen ist nie ermittelt worden, was mit dem Denkmal geschehen ist. Seit 2008 gibt es einen Neuguss des Denkmals, der vor der Thomaskirche aufgestellt wurde (siehe Nr. 36).

Geisteswissenschaftliches Zentrum der Universität

Bruno Walter
1876–1962, Dirigent, Pianist und Komponist. Walter zählt zu den bedeutendsten Dirigenten des 20. Jahrhunderts. 1929 wurde er Gewandhauskapellmeister in Leipzig, wo er besonders als Mozart-Interpret Triumphe feierte. Aufgrund seiner jüdischen Herkunft wurde ihm bereits im März 1933 jedes weitere öffentliche Auftreten untersagt. Walter emigrierte nach Österreich, Frankreich und schließlich in die USA, wo er einige der bedeutendsten Orchester des Landes sowie 1941–1959 Aufführungen an der Metropolitan Opera in New York dirigierte.

[30] Musikviertel

Nachdem die Räumlichkeiten im alten Gewandhaussaal (siehe Nr. 7) nicht mehr ausreichten, entstand südwestlich der Altstadt, an der Ecke von Grassistraße und Beethovenstraße, auf einem bis dahin durch Gärten und Teiche geprägten Areal das neue Konzerthaus, das unter Bezugnahme auf das ursprüngliche Gewandhaus auch als Neues Gewandhaus bezeichnet wurde. Erbaut 1882–1884 nach Plänen von Martin Gropius, wurde das am 11. Dezember 1884 eröffnete prachtvolle Gebäude durch einen Kredit aus dem Nachlass des Leipziger Kaufmanns Franz Dominic Grassi finanziert. Das Konzerthaus enthielt einen großen Saal mit 1700 Plätzen und einen Kammermusiksaal mit 650 Plätzen. Der Leitspruch des Orchesters »Res severa verum gaudium« fand am Giebel des Eingangsportales Platz. Das Neue Gewandhaus verdankte seinen internationalen Ruf vor allem den Gewandhauskapellmeistern Arthur Nikisch (1895–1922), Wilhelm Furtwängler (1922–1928), Bruno Walter (1929–1933) und Hermann Abendroth (1934–1945).

Das Konzerthaus wurde am 4. Dezember 1943 sowie am 20. Februar 1944 durch Bomben schwer beschädigt. Zunächst war nach dem Krieg geplant, das Gebäude wieder aufzubauen. Letztlich wurde aber entschieden, die Reste des Gebäudes abzutragen und ein neues Gebäude an anderer Stelle zu errichten (siehe Nr. 9). Am 29. März 1968 wurde die Ruine des Konzerthauses abgerissen. Nach langen Jahren der Verwendung des Geländes als Parkplatz wurde 2002 an dieser Stelle das Geisteswissenschaftliche Zentrum der Universität Leipzig eröffnet. An dessen Giebelseite erinnert eine Tafel an den weltberühmten Vorgängerbau, der übrigens 1900 nahezu identisch in Boston als Symphony Hall für das Boston Symphony Orchestra nachgebaut wurde.

Nach der Einweihung des Neuen Gewandhauses (1884) entstanden in der Folge die Universitätsbibliothek (1891), die innerhalb ihrer zahlreichen Sondersammlungen auch eine Vielzahl musikalischer Bestände beherbergt, sowie eine vornehme Wohngegend mit Villen und Stadtpalais' namhafter Architekten wie Arwed Rossbach, Peter Dybwad und Max Pommer. Die Straßen erhielten Namen herausragender Musiker: Beethoven-, Mozart-, Haydn-, Schumann-, Telemannstraße. Nach Zerstörungen im Zweiten Weltkrieg konnte das Viertel in den letzten Jahren viel von seinem alten Glanz zurückgewinnen.

Wilhelm Furtwängler *1886–1954, Pianist, Komponist und Dirigent. Nach Ausbildung in München und verschiedenen Engagements in Berlin und Wien wirkte er 1922–1928 als Gewandhauskapellmeister in Leipzig. 1922–1954 war er Chefdirigent der Berliner Philharmoniker. Seine ambivalente Haltung zu den Nazi-Machthabern brachte ihm 1945 ein zeitweiliges Dirigierverbot ein. Der Fürsprache der »entarteten« Musiker Paul Hindemith, Yehudi Menuhin, Szymon Goldberg u.a. verdankte es Furtwängler, dass er ab 1947 wieder dirigieren durfte.*

Universitätsbibliothek

[31] Hochschule für Musik und Theater »Felix Mendelsohn Bartholdy«

Grassistraße 8, Tel. 0341 214 455

Die Hochschule geht zurück auf das von Mendelssohn 1843 gegründete Konservatorium (siehe Nr. 7), mit dem er erstmals in Deutschland neue Strukturen der musikalischen Ausbildung geschaffen hatte. Es war das erste Konservatorium Deutschlands. Gleich im ersten Jahr wurden 63 Schüler aufgenommen, u. a. aus Amerika, England und Holland. International erfolgreiche Instrumentalisten, Dirigenten, Komponisten und Sänger wirkten und wirken bis heute als Lehrer des Leipziger Instituts und begründeten seinen weltweiten Ruf. 1921 rief Karl Straube das Kirchenmusikalische Institut ins Leben, das 1992 wieder begründet wurde.

1887 wurde das jetzige Hochschulgebäude in der Grassistraße eröffnet, in unmittelbarer Nachbarschaft zum zweiten, im Zweiten Weltkrieg stark beschädigten und 1968 abgebrochenen Gewandhaus, zur Hochschule für Grafik und Buchkunst und zur Universitätsbibliothek. An der Stelle des im Zweiten Weltkrieg völlig zerstörten Konzertsaals der Hochschule entstand 2001 ein schöner und funktionaler Neubau, in dem öffentliche Konzerte und andere Aufführungen, vor allem der Studierenden, stattfinden. Seit 1992 ist die Theaterhochschule »Hans Otto« integriert. Das Studienangebot ist breit gefächert, es reicht von Jazz und Popularmusik, Dirigieren und Korrepetition über Alte Musik, Klassischen Gesang, Musiktheater, und Kirchenmusik bis hin zu Schauspiel und Dramaturgie, dazu kommen Musikwissenschaft und Musikpädagogik.

Zu den berühmtesten Lehrern des Konservatoriums gehörte Max Reger, der 1907 zum Umiversitätsmusikdirektor und Professor am Königlichen Konservatorium in Leipzig berufen wurde. Den Posten des Universitätsmusikdirektors gab er zwar schon 1908 wieder auf, um Hofkapellmeister in Meiningen zu werden, doch fuhr er wöchentlich einmal nach Leipzig, um seinen Lehrverpflichtungen nachzukommen. Auf einer dieser Reisen starb Reger am 11. Mai 1916 an einem Herzversagen im Hotel Hentschel (Roßplatz, kriegszerstört) in Leipzig.

Max Reger
1873–1916, Komponist und Dirigent. Reger kam nach zahlreichen umjubelten Konzertreisen 1907 nach Leipzig, wo er zum Universitätsmusikdirektor und gleichzeitig zum Professor am Konservatorium berufen worden war. Sein großes Vorbild war Johann Sebastian Bach. Reger entdeckte die alten barocken Gattungen Choralvorspiel, Phantasie und Fuge sowie Passacaglia wieder und entwickelte sie weiter; seine kühnen Choralphantasie wurden legendär. Regers musikalische Quellen lagen im Barock, doch stand er in der Tradition von Brahms, Liszt und Wagner.

[32] Franz-Schubert-Denkmal

Im Johannapark (Clara-Zetkin-Park), nördlich der Anton-Bruckner-Allee, steht das Denkmal für Franz Schubert. Die Granitstele mit dem Grundriss eines Dreiecks ist 3,80 Meter hoch; oben ist der Kopf Franz Schuberts im Hochrelief herausgearbeitet. Das Denkmal wurde von der Leipziger und Naumburger Künstlerin Margarete Tschaplowitz-Seifert (1889–1977) entworfen und konnte, vollständig durch Spenden finanziert, 1929 eingeweiht werden. Die Inschrift auf der Rückseite lautet: »Dem Genius Franz Schuberts geweiht, auf Anregung des Leipziger Männerchores, 1929.«

Franz Schubert (1797–1828) ist nie in Leipzig gewesen, ließ aber seine Werke bei Breitkopf & Härtel drucken. Noch anderes verband ihn mit Leipzig: 1839 hatte Robert Schumann die große C-Dur-Sinfonie (Nr. 8) von Schubert in der Abschrift seines Bruders Ferdinand gefunden, um die sich Legenden rankten. Er begeisterte Mendelssohn dafür, so dass dieser sie im März des gleichen Jahres im Gewandhaus zur Uraufführung und damit erstmals Musik Schuberts in Leipzig zu Gehör brachte.

Moschelsstraße

[33] Bachstraßenviertel

Heinrich Marschner 1795–1861, Komponist. Marschner lebte von 1827 bis 1830 als »Privatier« in Leipzig. Sowohl im Gesangsverein Paulus als auch in der Gesellschaft »Tunnel über der Pleiße« hinterließ er tiefe musikalische Spuren. Er war der Spiritus rector des musikalischen »Tunnellebens« und begleitete die Abendunterhaltungen und alle andern Aktivitäten musikalisch. Ab 1831 war Marschner Hofkapellmeister in Hannover. Seine Hauptwerke sind die Opern »Der Vampyr« (1828), »Der Templer und die Jüdin« (1829), »Hans Heiling« (1833).

Das Viertel ist ein gründerzeitlich geprägtes Wohnviertel in der Inneren Westvorstadt. Es wird durch den Johannapark, die Elster bzw. den Elstermühlgraben, die Schreberanlagen und durch die Friedrich-Ebert-Straße begrenzt. Die Wohnbebauung stammt aus der Zeit von 1860 bis etwa 1890 und ist zum Teil als freistehende Villenbebauung ausgeführt. Unter den Architekten der Wohngebäude befinden sich mit Max Pommer, Oscar Mothes und Arwed Rossbach wichtige Leipziger Vertreter des Historismus. Die Kriegsschäden waren relativ gering und konzentrierten sich auf den älteren östlichen Teil des Viertels. Die Bausubstanz ist inzwischen fast komplett denkmalgerecht saniert. Einige wenige moderne Wohnhäuser wurden in den letzten Jahren auf ausgebombten Grundstücken ergänzt.

Das Viertel trägt seinen Namen von der Sebastian-Bach-Straße, die sich als zentrale Achse von Nordost nach Südwest hindurchzieht. Senkrecht dazu verlaufen Straßen, die nach bedeutenden Musikern und Komponisten benannt wurden, die eng mit der Leipziger Musikgeschichte verknüpft sind: Gustav Mahler, Johann Adam Hiller, Moritz Hauptmann, Heinrich Marschner, Ferdinand David und Ignaz Moscheles.

[34] Forum Thomanum

Hillerstraße 7/8

Die Thomasschule, die Leipziger Bürgerkindern offen stand, gilt als Deutschlands älteste öffentliche Schule; mehr als 300 Jahren war sie auch Leipzigs einzige städtische Schule. Nach der Einführung der Reformation in Leipzig 1539 wurden Thomasschule und Chor 1543 städtisch. 1553 erhielt die Thomasschule ein neues Schulgebäude direkt neben der Thomaskirche in der Innenstadt, das mit einigen Umbauten bis 1902 stand. Rektor und Kantor bewohnten gemeinsam mit den Wocheninspektoren und den Schülern das Schulhaus, das 1902 zugunsten des Neubaus der damaligen Superintendentur, dem heutigen Thomas-Haus, abgebrochen wurde, wodurch auch die Wohnung verloren ging, in der Johann Sebastian Bach während seiner gesamten Leipziger Zeit gelebt hatte. Bereits 1877 entstand im Bachstraßenviertel ein Neubau der Thomasschule (Schreberstraße), wenig später (1881) konnte das dazugehörige Alumnat an der Hillerstraße eingeweiht werden. Das Schulgebäude wurde im Zweiten Weltkrieg zerstört. Seit 2000 ist die Schule im benachbarten Gebäude der ehemaligen 41. Volksschule an der Hillerstraße gegenüber dem Alumnat untergebracht. Hier lernen etwa 670 Schüler; das Profil der Schule ist künstlerisch, sprachlich und vertieft musisch.

Julius Blüthner *1824–1910, Pianofortefabrikant. Am 7. November 1853 gründete Blüthner eine Pianofortefabrik in Leipzig, die sich auf die Herstellung hochwertiger Instrumente in edler Ausführung konzentrierte. Blüthner errichtete eine Fabrikkrankenkasse, eine Versicherung für Angestellte und eine Unterstützungskasse für invalide und alte Arbeiter. Bald war er Hoflieferant des dänischen Königs und von Zar Nikolaus II. Noch heute ist die Firma der Philosophie des Firmengründers verpflichtet, die »besten Instrumente der Welt zu bauen«.*

Thomasschule

Villa Thomana

Zum 800-jährigen Jubiläum von Thomaskirche, Thomanerchor und Thomasschule im Jahr 2012 entsteht auf dem Areal an der Hillerstraße ein international ausgerichtetes Bildungszentrum mit integrierter Kindertagesstätte, Grundschule, internationaler Jugendmusikakademie und der Lutherkirche, die als Zentrum des Campus zugleich als Gottesdienststätte, Schulaula, Konzert-, Theater- und Aufnahmeraum genutzt und entsprechend ausgebaut werden wird. Die Kirche wurde 1884/1887 am Rande des Johannaparks nach dem Entwurf von Julius Zeißig im neogotischen Stil erbaut.

[35] Nikisch-Platz und Nikisch-Gedenkstein

Der international gefeierte Gewandhauskapellmeister Arthur Nikisch (1855–1922) verbrachte die letzten Jahre seines Lebens in der Thomasiusstraße 28 in unmittelbarer Nähe des Platzes am Künstlerhaus. Nach seinem Tod im Januar 1922 benannte man den Platz in Nikischplatz um. Die beiden Figuren auf dem Platz sind Nachbildungen (von Markus Gläser) der Krieger, die im ehemals hier befindlichen Klein-Bosischen Garten standen. Das Haus, in dem Nikisch mit seiner Familie seit 1906 gewohnt hatte, wurde im Krieg zerstört; an seiner Stelle steht ein DDR-Neubau. Davor ist zu

Nikischs 75. Todestag 1997 ein von Harald Alff gestalteter Gedenkstein enthüllt worden. Er ist aus Granit, 1,42 Meter hoch und trägt eine bronzene Gedenktafel mit der Inschrift: »In dem nicht mehr erhaltenen Haus Thomasiusstraße 28 wohnte während seiner letzten Lebensjahre der berühmte Dirigent, Kapellmeister am Leipziger Stadttheater und Leipziger Gewandhauskapellmeister Arthur Nikisch, geboren 12.10.1855, gestorben 23.1.1922.« An der Rückseite ist zu lesen: »Auf das Wohl der Auserwählten unter den Auserwählten. Franz Liszt auf Arthur Nikisch, 1885.«

Der Ungar Nikisch war 1878 ans Stadttheater nach Leipzig gekommen, ursprünglich als Chordirektor, ein Jahr später als Kapellmeister. Nikisch, der bis 1889 im Amt blieb, war die treibende Kraft bei der Wagner-Rezeption des Leipziger Musiktheaters. 1889 ging er erst nach Boston, dann nach Budapest und kehrte 1895 als Nachfolger Carl Reineckes als Gewandhauskapellmeister nach Leipzig zurück. Unter ihm begann der Siegeszug des »reinen« Sinfoniekonzerts. Er initiierte die jährliche Silvester-Aufführung der 9. Sinfonie von Ludwig van Beethoven, ursprünglich für den Leipziger Arbeiterbildungs-Verein, und begründetet damit eine heute weltweit gepflegte Tradition. Im Gewandhaus am Augustusplatz gibt es eine Nikisch-Büste, geschaffen 1930 von Hugo Lederer.

[36] Mendelssohn-Denkmal

In den Grünanlagen vor dem Westportal der Thomaskirche am Dittrichring steht auf einem vier Meter hohen Granitsockel die drei Meter hohe Bronzestatue Felix Mendelssohn Bartholdys, auf den Stufen zu seinen Füßen die Muse der Musik, an den Seiten je zwei musizierende und singende Engel. Vorn auf dem Sockel ist zu lesen »Felix Mendelssohn Bartholdy«, auf der Rückseite »Edles nur künde die Sprache der Töne«. An den Seiten symbolisieren Medaillons die kirchliche und weltliche Musik.

Es ist eine Nachschöpfung des von Werner Stein geschaffenen und 1892 eingeweihten Bronzedenkmals vor dem Zweiten Gewandhaus an der Grassistraße (siehe Nr. 30). Am 9. November 1936 war das Denkmal des »Juden« Mendelssohn von den Nazis bei Nacht und Nebel abgerissen worden, was den damaligen Oberbürgermeister Carl Goerdeler zum Rücktritt veranlasste. Das wiedererstandene Denkmal konnte am 18. Oktober 2008 eingeweiht werden. Die Gesamtkosten teilten sich Stadt und Land mit der Felix-Mendelssohn-Bartholdy-Stiftung und einem großzügigen privaten Spender.

[37] Altes Bach-Denkmal

Das »alte« Bach-Denkmal in den Anlagen westlich der Thomaskirche geht auf Felix Mendelssohn Bartholdys privates Engagement zurück. Seine Berliner Aufführung der Bachschen Matthäuspassion 100 Jahre nach ihrer Entstehung war der entscheidende Anstoß zur Wiederentdeckung des Komponisten. In Leipzig, wo damals zwar noch immer Bachs Motetten in der Thomaskirche gesungen wurden, aber der Komponist bei weitem nicht den Rang einnahm, der ihm gebührte, holte Mendelssohn den »unsterblichen Meister« in den Konzertsaal. Mit Benefizkonzerten brachte er die Mittel für ein Denkmal zusammen, das am 23. April 1843 enthüllt werden konnte. Es ist überlebensgroß aus Sandstein mit einem schmiedeeisernen Gitter. Mendelssohns Freund, der Dresdner Akademieprofessor Eduard Bendemann (1811–1889), hatte den Entwurf geliefert, den der Leipziger Bildhauer Hermann Knaur (1811–1872) ausführte. Ein sechseckiger Sockel trägt ein quaderförmiges bekröntes Gehäuse mit Bachs Reliefbildnis an der Nordseite.

FELIX MENDELSSOHN
BARTHOLDY

[38] Bosehaus / Bach-Museum

Thomaskirchhof 16, Di–So 10–18 Uhr,
Tel. 0341 91 37 202

Das Haus wurde wie alle Gebäude der Straßenzeile am Thomaskirchhof in der zweiten Hälfte des 16. Jahrhunderts nach der Auflassung des Klosters nach der Reformation (im albertinischen Sachsen erst 1539) erbaut. 1709 wurde das Haus vom Kaufmann Georg Heinrich Bose erworben und barock umgebaut. Bose und Bach, der mit seiner Familie in der gegenüberliegenden Thomasschule wohnte (1902 abgerissen und durch die Superintendentur, das heutige Thomas-Haus, ersetzt), waren sich freundschaftlich verbunden. Nach Boses Tod 1745 zog die Kaufmannsfamilie Richter in das Haus, die über eine der bedeutendsten bürgerlichen Kunstsammlungen verfügte, die ab 1763 auch öffentlich zugänglich war. 100 Jahre später, 1866, richtete der Instrumentensammler Paul de Wit im Bosehaus ein »Musikhistorisches Museum« ein, das später zum Grundstock des Musikinstrumentenmuseums wurde (siehe Nr. 18).

Seit 1985 ist hier das Bach-Museum zu Hause (ebenso das Bach-Archiv und die Neue Bachgesellschaft), das in den Jahren bis 2010 eine grundlegende Sanierung und Erweiterung erfuhr. Im Museum erfährt man auf 750 Quadratmetern viel über das Leben und Wirken Johann Sebastian Bachs als Thomaskantor von 1723 bis 1750 und über seine Familie. Man kann in der Schatzkammer kostbare Handschriften bestaunen, originale Instrumente der Bachzeit, wie den Spieltisch der Leipziger Johanniskirchenorgel, die Bach 1743 geprüft hatte, ansehen und ein Kästchen mit Relikten aus Bachs Grab bestaunen; auch zeitgenössische Grafik gehört zur Ausstellung. Vor allem kann man Bachs Musik hören. Im Sommersaal finden regelmäßig Konzerte statt. Im kleinen Gärtchen kann man lustwandeln oder sich im Café Gloria entspannen.

Das Bacharchiv ist eine Forschungsstelle mit reichhaltiger Bibliothek, die neben der Staatsbibliothek zu Berlin die weltweit größte Sammlung Bachscher Originalschriften bewahrt und von Forschern aus aller Welt genutzt wird.

Plakette am Thomas-Haus für Anna Magdalena Bach

[39] Thomaskirche

Thomaskirchhof 18, täglich 9–18 Uhr, Motetten Fr 18 Uhr, Sa 15 Uhr

Die Thomaskirche wurde 1482–1496 auf dem Grund eines älteren Vorgängerbaus im spätgotischen Stil errichtet und 1880–1889 umgebaut, wobei man die gesamte Ausstattung der Barockzeit entfernte und die bis dahin schmucklose Westfassade zum Promenadenring als Hauptfassade mit neogotischem Portal gestaltete. Sie ist die Wallfahrtsstätte aller Bachpilger schlechthin, sind doch hier an seiner einstigen Wirkungsstätte seit 1949 die Gebeine Johann Sebastians Bachs begraben, des berühmtesten aller Thomaskantoren. Gegründet 1212 als Augustiner-Chorherrenstift mit Schule und Knabenchor, verkörpert die Kirche 800 Jahre Musiktradition der Stadt – drei Säulen kulturellen Lebens, die sich auch heute ihrem Auftrag stellen: Glauben zu leben, Musik und Kultur zu gestalten, Menschen zu bilden.

Die Maße der Kirche sind beeindruckend: sie ist insgesamt 76 Meter lang, das Hauptschiff ist 50 Meter lang, 25 Meter breit und 18 Meter hoch. Das Giebeldach ist eines der steilsten Deutschlands.

Anna Magdalena Bach *1701–1760, Sängerin, zweite Ehefrau Johann Sebastian Bachs. Anna Magdalena war ab 1721 als Sängerin mit dem Titel einer Kammermusikerin am Hof von Fürst Leopold von Anhalt-Köthen engagiert, wo Bach seit 1717 Kapellmeister war. Am 3. Dezember 1721 heirateten Bach und Anna Magdalena und siedelten 1723 nach Leipzig über. Ihr widmete Bach das »Notenbüchlein für Anna Magdalena«. Sie hatten zusammen 13 Kinder, von denen sieben im Kindesalter starben.*

Johann Hermann Schein
1586–1630, Dichter und Komponist. Schein wuchs in Dresden auf, wo er im Knabenchor der Hofkapelle sein Gesangstalent entwickeln konnte, bevor er in der Fürstenschule Pforta ein vorzügliches musikalisches Grundwissen erwarb. 1608–1612 studierte er die Rechte in Leipzig, widmete sich anschließend jedoch der Musik. Seit 1615 Hofkapellmeister in Weimar, wechselte er 1616 als Thomaskantor und städtischer Musikdirektor nach Leipzig, wo er bis zu seinem frühen Tod 1630 als hochgefeierter Musiker wirkte. Schein gilt als Mitbegründer der Kunst des weltlichen deutschen Liedes, sein »Cantional« (1629) war eines der wichtigsten Gesangbücher des Barockzeitalters.

Der Turm hat eine Höhe von 68 Metern. Im Chorraum vorn befindet sich seit 1949 das Grab Johann Sebastian Bachs; die schlichte Grabplatte aus Metall (Entwurf Kunz Nierade) ist immer mit Blumen geschmückt. Auf den Glasfenstern im Kirchenschiff sind u.a. Bildnisse von Bach und Mendelssohn Bartholdy zu sehen. An der Westempore wird seit 1889 die Sauer-Orgel gespielt. Seit 2000 befindet sich an der Nordempore eine weitere Orgel, die der Orgel in der Paulinerkirche von 1720 nachgebildet wurde, auf der die Orgelwerke Bachs stilgerecht wiedergegeben werden können.

Johann Sebastian Bach kam 1723 von Köthen, wo er seit 1717 als Kapellmeister und Kammermusikdirektor am Hofe des Fürsten Leopold von Anhalt-Köthen gewirkt hatte, mit Frau und fünf Kindern als Thomaskantor in der Nachfolge Johann Kuhnaus nach Leipzig. Die Familie wohnte in der Thomasschule. Bis zu seinem Tod 1750 blieb er als Director musices Lipsiensis und Cantor zu St. Thomae im Amt. Der Kantor hatte nach dem Rektor und Konrektor im Lehrkörper der Thomasschule den dritten Rang. Sein Jahresverdienst betrug 700 Taler. Als Musiker war er außerordentlich gefordert mit »diesem wüsten Haufen krätziger Schüler, die sich auf den Gassen heiser geschrieen hatten«. Bach schrieb später einmal, anfänglich wollte es ihm »gar nicht anständig seyn, aus einem Capellmeister ein Kantor zu werden«, obwohl schon zu dieser Zeit das Thomaskantorat zu den angesehensten kirchenmusikalischen Ämtern in Deutschland gehörte.

Seine Hauptaufgabe sah Bach in den wöchentlichen Kantatenaufführungen in den beiden Hauptkirchen St. Thomas und St. Nikolai (siehe Nr. 6). Für die jährlich etwa 60 Sonn- und Festtage komponierte er jeweils eine neue Kantate. 1729 übernahm er auch die Leitung des von Telemann gegründeten »Collegium musicum«, für das er weltliche Musik komponierte, die in Zimmermanns Kaffeehaus in der Katharinenstraße aufgeführt wurde.

Die Thomaskirche ist auch mit Wolfgang Amadeus Mozart verbunden. Auf seiner Reise in die Residenzstädte Dresden und Potsdam hielt sich Mozart 1789 einige Tage in Leipzig auf. Am 12. Mai gab er ein Konzert im Gewandhaus, am nächsten Tag besuchte er die Thomaskirche, wo der Thomanerchor ihm zu Ehren die Motette »Singet dem Herrn ein neues Lied« von Johann Sebastian Bach sang, worauf Mozart, der mit dem damals fast vergessenen Bach wenig vertraut

159
126
129 1u2
139
365
123
229

war, voller Begeisterung ausgerufen haben soll: »Das ist doch einmal etwas, woraus sich was lernen lässt!« Anschließend spielte er selbst auf der Orgel, wobei Thomaskantor Doles und Thomasorganist Görner die Register zogen.

Die Thomaskirche ist nach wie vor hauptsächlicher Auftrittsort des Thomanerchores, eines der berühmtesten Knabenchöre der Welt. Zum Kloster der Augustiner-Chorherren (gegründet 1212) gehörte eine Klosterschule, die geistlichen Nachwuchs heranbilden sollte. Die Ausbildung umfasste von Beginn an den liturgischen Gesang. Die Reihe berühmter Kantoren ist lang: Sethus Calvisius (1594–1615), Johann Hermann Schein (1616–1630), Johann Kuhnau (1701–1722), Johann Sebastian Bach (1723–1750), Johann Adam Hiller (1789–1804), Gottfried Schicht (1810–1832), Karl Straube (1918–1939), Günther Ramin (1940–1956), Erhard Mauersberger (1961–1972) und Hans-Joachim Rotzsch (1972–1991). Seit 1992 wird der Chor von Georg Christoph Biller geleitet.

Wie zu Bachs Zeiten finden freitags und sonnabends die Aufführungen der Motetten und Kantaten in der Thomaskirche statt. Der Chor musiziert von der Westempore aus, ebenso die Mitglieder des Gewandhausorchesters und die Solisten.

Georg Christoph Biller
**1955, Komponist, Dirigent und Chorleiter. Nach dem Studium an der Musikhochschule Leipzig gründete Biller 1976 das Leipziger Vocalensemble. 1980–1981 leitete er den Gewandhauschor und war Dozent an der Hochschule für Kirchenmusik Halle. Diverse Preise und Diplome folgten, bevor er 1992 zum Thomaskantor berufen wurde. Seit 1994 ist er auch Professor für Chordirigieren an der Hochschule für Musik und Theater Leipzig.*

Thomaskirche und Thomas-Haus vom Promenadenring aus

JOHANN
SEBASTIAN
BACH
glauben
singen
lernen
800 Jahre
THOMANA

[40] Neues Bach-Denkmal

Vor dem Südportal der Thomaskirche am Thomaskirchhof steht das überlebensgroße Denkmal für Johann Sebastian Bach, vom Leipziger Bildhauer Carl Seffner (1861–1932) entworfen, 1908 von der Leipziger Bronzebildgießerei Noack & Brückner ausgeführt. Es hat eine Gesamthöhe von 5,65 Meter, des Standbild aus Bronze ist 2,45 Meter hoch. Von 1883 bis 1906 hatte hier das Denkmal für den Universalgelehrten Gottfried Wilhelm Leibniz (1646–1716) gestanden, das seit 1906 auf dem Universitätsgelände steht.

Der Thomaskantor steht vor der Orgel, eine Papierrolle in der Hand. Die linke Rocktasche hängt heraus; ob Seffner meinte, Bach habe immer leere Taschen, also nie Geld gehabt? Oder vielmehr, da auch seine Weste nicht korrekt geknöpft ist, dass dem Meister nichts so wichtig war wie seine Kunst, schon gar nicht sein Äußeres? Auf der Rückseite des Denkmals ist im Relief die alte Thomasschule, in der Bach mit seiner Familie wohnte, dargestellt. Heute finden in den Sommermonaten um das Bach-Denkmal herum regelmäßig kleine Konzerte unter freiem Himmel statt.

[41] Hiller-Denkmal

An der Nordwestecke, der »toten« Ecke der Thomaskirche, für Vorübereilende kaum sichtbar, hängt eine Relieftafel: Um einen »Altar«, der durch einen von Orgelpfeifen umkleideten Säulenstumpf mit darauf liegenden Blumenkränzen symbolisiert ist, sind vier junge Frauen, eine mit einer Harfe, gruppiert. Über allem schwebt in einem Sternenkranz das Brustreliefbild Johann Adam Hillers.

Einst stand ein richtiges Denkmal für den Musiker in den Anlagen zum Ring, das erste Musikerdenkmal Deutschlands in einer öffentlichen städtischen Anlage überhaupt. Das 1832 eingeweihte Denkmal ist von einer seiner dankbaren Schülerinnen, Thekla Podleska aus Böhmen, gestiftet worden, der Entwurf stammte von Hans Veit Schnorr von Carolsfeld (1764–1841). Mit der Umgestaltung der Westfassade der Thomaskirche und des Platzes am Ende des 19. Jahrhunderts entsprach das unscheinbare biedermeierliche Denkmal nicht mehr dem Repräsentationsbedürfnis der Verantwortlichen, es wurde entfernt und nur die Relieftafel an der Thomaskirche angebracht.

Johann Adam Hiller 1728–1804, Komponist, Musikschriftsteller und Kapellmeister. Hiller begründete 1759 in Leipzig eine der ersten deutschen Musikzeitschriften »Der musikalische Zeitvertreib« und ließ 1763 die im Siebenjährigen Krieg 1756 unterbrochene Tradition des Großen Konzerts wieder aufleben. Ab 1766 gab er die »Wöchentlichen Nachrichten die Musik betreffend« heraus und führte ab 1771 eine Singschule. Nach Texten von Christian Felix Weiße komponierte er eine Reihe von Singspielen und wurde damit zum Begründer der deutschen Spieloper. 1775 begründete er die Musikübende Gesellschaft, deren Konzerte ab 1781 im neuerbauten Gewandhaussaal erklangen. 1789–1801 wirkte er als Thomaskantor, Musikdirektor der Thomaskirche und als Kantor an der Neukirche.

Georg Philipp Telemann
1681–1767, Komponist. Telemann studierte ab 1701 die Rechte in Leipzig. Obwohl musikalischer Autodidakt, gründete er hier das studentische Collegium Musicum, das zeitweise 40 Mitglieder hatte und öffentliche Konzerte gab. Somit gilt er als einer der »Väter« der Universitätsmusik. 1702 wurde er Direktor des ersten Opernhauses am Brühl und 1704 Musikdirektor und Organist an der Neukirche (Matthäikirche). 1705 verließ er Leipzig und wirkte später in Frankfurt am Main und Hamburg. Er hinterließ über 1000 Werke mit Instrumentalmusik, darunter Orchestersuiten, Sinfonien, Konzerte, Violinsoli, Sonaten, Duette, Triosonaten, Quartette, Klavier- und Orgelmusik.

[42] Hotel de Saxe

Klostergasse 9

Im 1711 errichteten Gasthaus, ab 1767 »Hotel de Saxe«, gab es einen imposanten Festsaal, in dem bis zum Beginn des 19. Jahrhunderts Konzerte stattfanden. Leipziger Musikvereinigungen und reisende Künstler musizierten hier. Das 1808 gegründete Gewandhausquartett, das älteste bestehende der Welt, führte hier in der Saison 1809/10 Kammermusik auf. Unter den Gästen, die einst hier logierten, befand sich 1796 Constanze Mozart, die die Partitur von Mozarts Requiem d-Moll (KV 626) mitbrachte, das unter dem damaligen Gewandhausdirigenten Johann Gottfried Schicht im April 1796 aufgeführt wurde. Weiterhin waren Kaiser Napoleon, Blücher, Gneisenau, Goethe zu Gast in den Räumen. Das Hotel war im 19. Jahrhundert ein wichtiges Versammlungslokal der Leipziger Arbeiterbewegung. Heute steht hier ein Neubau von 1976/78 mit einer Nachbildung des barocken Portals.

[43] Haus zum Arabischen Kaffeebaum

Kleine Fleischergasse 4, Gasthaus: täglich 11–24 Uhr, Kaffeemuseum: täglich 11–19 Uhr

In dem seit 1556 nachweisbaren Haus befand sich ab etwa 1711 ein Ausschank des neuen Modegetränks Kaffee – das Gasthaus ist damit der älteste noch bestehende »Kaffeetempel« außerhalb der arabischen

Rechts:
Bachs Kaffee-Kantate

Henriette Voigt
1809–1839. Ihre pianistische Ausbildung hatte Henriette, geb. Kunze, bei Ludwig Berger in Berlin gemeinsam mit dem elfjährigen Felix Mendelssohn Bartholdy. 1828 kam sie wieder nach Leipzig und heiratet den Kaufmann Karl Voigt. Ihr Haus wurde zu einem musikalischen Treffpunkt für Leipziger und durchreisende Künstler und Künstlerinnen. Ständige bzw. häufige Gäste waren Clara Wieck, Robert Schumann, Felix Mendelssohn Bartholdy, Frédéric Chopin, Friedrich Rochlitz, Moritz Hauptmann, Carl Gottlieb Reißiger, Wilhelm Taubert, William Sterndale Bennett, Carl Löwe und Ludwig Berger, wobei meist gemeinsam musiziert wurde.

Welt. Der Hofchocoladier Augusts des Starken, Johann Lehmann, hatte ab 1697 in seinem Haus am Markt (Ecke Petersstraße) einen Kaffeeausschank betrieben. Dort traf sich seit 1708 das von Georg Philipp Telemann begründete Collegium Musicum. 1718 kaufte Lehmann das Haus in der Fleischergasse, baute es um und ließ die Portalplastik anbringen, die dem Haus den Namen gab, einen unter einem Kaffeebaum ruhenden und Kaffee trinkenden Türken.

Im Kaffeenbaum trafen sich zu allen Zeiten Gelehrte und Künstler. Bekannt wurde vor allem der Stammtisch der Davidsbündler, den Robert Schumann 1833 begründete und der gegen die Philister und seichtes Virtuosentum in der Musik antrat. Wie in anderen »Geheimbünden« der Zeit hatten sich alle Mitglieder Geheimnamen gegeben. Zu dem Kreis um Schumann gehörten u.a. Friedrich Wieck, Ludwig Schuncke, Johann Peter Lyser und Karl Herloßsohn, dazu als einzig Frau Henriette Voigt, Pianistin und Freundin der Schumanns und der Mendelssohns. Später nahmen auch andere musikalische Gäste im Schumann-Eck Platz, Richard Wagner, Arthur Nikisch, Karl Straube, Edvard Grieg, Günther Ramin und viele andere.

1998 von Grund auf saniert, beherbergt das Haus wie ehedem ein Gasthaus mit guter sächsischer Küche sowie drei Cafés: das Wiener Café, das Café Français und das Arabische Café. In den oberen Etagen findet man das Kaffeemuseum, das in fünfzehn Räumen einen Überblick über 300 Jahre sächsischer und europäischer Kaffeekulturgeschichte bietet.

Schumann-Eck

[44] Wagner-Denkmal

Vom Richard-Wagner-Platz führen einige Schritte um den Ring zur restaurierten Treppe mit dem drei Meter hohen Granit-Sockel von Max Klinger zum nicht vollendeten Wagner-Denkmal. Der Sockel zeigt im Relief Figurengruppen aus Wagners Opern: auf der Vorderseite drei nackte Frauen, die Rheintöchter, die gleichzeitig Wagners Gesamtkunstwerk versinnbildlichen, Musik, Dichtung und Schauspiel. Die rechte Seite zeigt Parsifal und Kundry, die linke Siegfried mit dem Drachen und Mime.

Mit der 2010 errichteten Treppe wurde der Zugang von den Promenadenanlagen in das Stadtzentrum nach 40 Jahren wieder geöffnet. Die erste Grundsteinlegung der Klingertreppe, auf deren Sockel ursprünglich das Richard-Wagner-Denkmal nach einem Entwurf von Max Klinger stehen sollte, hatte im Mai 1913 stattgefunden. Der Denkmalsentwurf wurde jedoch nie ausgeführt. Als Ende der 1970er Jahre der Bau für das Ministerium für Staatssicherheit in der Großen Fleischergasse errichtet wurde, musste die Treppe weichen, da die Stasi keine Passanten auf ihrem Grundstück haben wollte und eine Mauer um den Hof zog. Die demontierte Treppe galt als verschollen, wurde aber auf einer Mülldeponie wiederentdeckt.

Richard Wagner
1813–1883, Komponist. Im Mai 1813 in Leipzig geboren und in der Thomaskirche getauft, ging Wagner hier zur Schule (1817bis 1822 / 1828–1830) und hörte 1831–1833 Vorlesungen über Philosophie und Ästhetik an der Leipziger Universität. Seine musikalische Ausbildung erhielt er von Thomaskantor Weinlig. Obwohl schon 1832 eine erste Komposition von ihm aufgeführt wurden, vernachlässigte seine Vaterstadt seine Werke lange. Erst 1853 fand mit dem »Tannhäuser« die erste Aufführung einer seiner Opern in Leipzig statt. 1862 dirigierte Wagner erstmals selbst in Leipzig ein Extrakonzert im Gewandhaus. Immer auf der Flucht vor Gläubigern, gab ihm erst König Ludwig II. von Bayern ab 1864 materielle Sicherhheit.

Wo früher das Alte Theater stand, ist heute eine Straßenbahnhaltestelle.

Ernst Theodor Amadeus Hoffmann *1776–1822, Jurist, Schriftsteller, Komponist, Dirigent, Musikkritiker und Zeichner, Hauptvertreter der Romantik. Sein literarisches bzw. musikkritisches Alter ego war der fiktive Kapellmeister Johannes Kreisler, dem man in Robert Schumanns Kreisleriana wiederbegegnet. Hoffmann schrieb seit 1809 Musikkritiken für die »Allgemeine Musikalische Zeitung« in Leipzig und wirkte 1813–1814 als Musikdirektor der in Dresden und Leipzig auftretenden Operngesellschaft von Joseph Seconda. In Leipzig wohnte Hoffmann mit seiner Frau im Dachstübchen der Großen Fleischergasse 28. Von seinen musikalischen Werken ist die romantische Zauberoper »Undine« am bekanntesten.*

Der Sockel aus Tiroler Marmor stand seit seiner Bearbeitung durch Klinger von 1920 bis 2008 im Klingerhain im Palmengarten. 2010 wurde er erstmals an dem vorgesehene Ort aufgestellt. Noch führt die Treppe allerdings ins Nichts bzw. gegen eine Plattenbauwand; es gibt noch keinen Plan für die Gestaltung des ehemals schönen Platzes um die im Krieg zerstörte Matthäikirche. Dass der DDR-Bau des ehemaligen Ministeriums für Staatssicherheit nicht stehen bleiben wird, ist sicher. Bis zum 200. Geburtstag des Komponisten im Mai 2013 soll der große Sohn der Stadt mit einem endlich vollendeten Denkmal geehrt werden.

[45] Altes Theater

Das Alte Theater auf der Rannischen Bastei war die erste feste Theaterbühne der Stadt. Es war im Auftrag und mit dem Geld des Kaufmanns Benedict Zehmisch (1710–1787) auf den Fundamenten der Stadtmauer erbaut und am 7. Oktober 1766 mit der Tragödie »Hermann« von Johann Elias Schlegel in Anwesenheit des jungen Studiosus Johann Wolfgang Goethe eröffnet worden. Auf drei Rängen und Logen hatte es 1186 Sitzplätze, dazu ein Stehparkett. Hier wirkte E.T.A. Hoffmann 1813/14 als Musikdirektor.

Das Theater ist vor allem mit dem Namen Albert Lortzing untrennbar verbunden. Er war im Herbst 1833 nach Leipzig gekommen und hatte am 1. November zusammen mit seiner Frau ein Engagement als Schauspieler und Sänger am damaligen Stadttheater angenommen. Seit 1844 war er hier auch Kapellmeister. In Leipzig schrieb Albert Lortzing seine wichtigsten Opern; hier wurden sie erstmals aufgeführt: »Die beiden Schützen«, »Zar und Zimmermann«, »Caramo oder das Fischerstechen«, »Hans Sachs«, »Der Wildschütz«. Lortzing wurde als Autodidakt und nicht akademisch gebildeter Musiker von den »ernsthaften« Kollegen nicht ernst genommen. Er wohnte eine Zeitlang im damaligen Naundörfchen in unmittelbarer Nähe zu seinem Freund Robert Blum, bevor er 1838 mit seiner Frau und fünf Kindern ein Gartenhaus in der jetzigen Funkenburgstraße bezog (Tafel am Haus Funkenburgstraße 8).

Mit dem Bau des Neuen Theaters 1868 wurde das Alte Theater zum Ort des Sprechtheaters, während die Opernaufführungen ins neue Haus verlegt wurden. Am 4. Dezember 1943 fiel das Alte Theater den Bomben zum Opfer und wurde später abgerissen. Während das Leipziger Sprechtheater bereits zehn Jahre später ein neues Domizil im neu erbauten Schauspielhaus an der Gottschedstraße fand, wurde auf dem Platz des Alten Theaters die Straßenführung enorm ausgeweitet – heute findet sich hier eine mehrspurige Autostraße samt Straßenbahnhaltestelle.

[46] Richard Wagners Geburtshaus

Wo zur Zeit Baulärm eher vom Weitergehen abschreckt, etwa gegenüber der Einmündung der Hainstraße, stand einst Wagners Geburtshaus, das Haus zum Roten und Weißen Löwen, in dem er am 22. Mai 1813 das Licht der Welt erblickte. Der Hausname rührt von dem einstigen Gasthof her – die Häuser hatten Namen, bevor 1799 die erste Numerierung in Leipzig eingeführt wurde. Ab 1882 wurde das Haus offiziell Geburtshaus Richard Wagners genannt. Das hinderte die Stadtväter jedoch nicht daran, es 1886 abzubrechen und durch einen Neubau zu ersetzen. Dieser wurde seinerseits abgebrochen, als 1914 das Kaufhaus Brühl erbaut wurde. Seit 2010 entsteht hier wiederum ein Neubau, die »Höfe am Brühl«, und man kann hoffen, dass nicht nur die Erinnerungstafel wieder angebracht wird, sondern Räume entstehen, die eine dauerhafte Begegnung mit dem Komponisten und vor allem mit seiner Musik möglich machen.

Gustav Brecher
1879–1940, Dirigent und Komponist. Brecher kam 1889 nach Leipzig und hatte Unterricht bei Salomon Jadassohn. 1897 dirigierte er erstmals an der Leipziger Oper. Nach Zwischenspielen in Wien und Hamburg wurde er 1914 Generalmusikdirektor in Leipzig. Umstritten und gefeiert waren seine Uraufführungen von »Johnny spielt auf«, »Das Leben des Orest« (beide von Ernst Krenek) und »Aufstieg und Fall der Stadt Mahagonny« (Bertolt Brecht/Kurt Weill). Als Jude von den Nazis 1933 entlassen, nahm er sich 1940 mit seiner Frau das Leben.

Baustelle der Höfe am Brühl, ehemals Richard Wagners Geburtshaus

Musikergrabstätten auf dem Südfriedhof

Otto Didam

1890–1966, Chordirigent und Komponist. Didam studierte seit 1910 am Leipziger Konservatorium, u.a. Theorie und Komposition bei Max Reger. Seit 1919 widmete er sich der Arbeitersängerbewegung, übernahm 1922 den Leipziger Volkschor und fasste 1925 mehrere Arbeitersängerchöre zur Arbeitsgemeinschaft Didamscher Chöre mit mehr als 500 Mitgliedern zusammen.

Ottmar Gerster

1897–1967, Komponist. Studium am Hoch'schen Konservatorium in Frankfurt, Bekanntschaft mit Paul Hindemith. Dozent für Violine, Viola, Kammermusik, Musiktheorie und Komposition an der Folkwangschule in Essen. Von 1951 bis zu seiner Emeritierung 1962 Dozent an der Hochschule für Musik Leipzig. Er komponierte Orchesterwerke, Konzerte, fünf Opern, etliche Vokalwerke, Kammer- und Klaviermusik.

Hans Grüß

1929–2001, Musikwissenschaftler. Grüß wurde 1957 Dozent an der Leipziger Universität. Im gleichen Jahr begründete er das Ensemble »Capella Fidicina« für historische Aufführungspraxis, wofür er 1985 mit dem Kunstpreis der Stadt Leipzig ausgezeichnet wurde. 1993 wurde er zum außerplanmäßigen Professor am Institut für Musikwissenschaft ernannt, 1994 Mitglied der Sächsischen Akademie der Wissenschaften.

Henri Hinrichsen

1868–1942, deutsch-jüdischer Musikverleger. Hinrichsen arbeitete seit 1891 im Musikverlag C. F. Peters in Leipzig, der seinem Onkel Max Abraham gehörte. 1894 wurde er Teilhaber, 1900 Inhaber des Verlags. Hinrichsen war ein national gesinnter Deutscher, dennoch wurde er durch die »Arisierung« des Musikverlags enteignete. 1942 wurde er ins KZ Auschwitz deportiert und dort im Alter von 74 Jahren ermordet.

Ludwig Hupfeld

1864–1949, Unternehmer und Musikinstrumentenbauer. Hupfeld erwarb 1892 die Leipziger Musikalienhandlung J. M. Grob & Co., die er als Ludwig Hupfeld AG fortführte. In den 1920er Jahren war die Firma der größte europäische Hersteller von mechanischen Musikwerken. Die heutige Pianofabrik Leipzig GmbH & Co. KG produziert Instrumente unter den Namen Rönisch und Hupfeld.

Sigfrid Karg-Elert

1877–1933, Komponist, vor allem für Orgel und Harmonium. Privatem Klavierunterricht folgte eine Ausbildung am Leipziger Konservatorium bei Carl Reinecke, Salomon Jadassohn und Robert Teichmüller, wo er sich mit Edvard Grieg befreundete. Ab 1919 unterrichtete Karg-Elert selbst Musiktheorie und Komposition am Konservatorium. Nach einer Konzertreise in die USA starb er im April 1933 erst 55jährig.

Julius Klengel

1859–1933, Cellist, Komponist und Musikpädagoge. Klengel wirkte seit 1881 als 1. Solocellist des Leipziger Gewandhausorchesters und zugleich als Lehrer am Leipziger Konservatorium. Zu seinen berühmtesten Schülern gehören Gregor Piatigorsky, Guilhermina Suggia, Rudolf Metzmacher und Emanuel Feuermann. Klengel machte sich auch als Komponist einen Namen.

Franz Konwitschny

1901–1962, Dirigent. Schüler von Hans Bassermann am Leipziger Konservatorium und gleichzeitig Aushilfsgeiger und -bratscher am Gewandhausorchester. Trotz NSDAP-Karriere konnte er nach 1945 unbeschadet weiterarbeiten und wurde 1949 zum Gewandhauskapellmeister nach Leipzig berufen, wo er bis zu seinem frühen Tod 1962 blieb. Besonders bekannt wurde Konwitschny als Dirigent von Richard-Wagner-Opern.

Eduard Mauersberger

1903–1982, Chordirigent. Seit 1913 Mitglied des Thomanerchores, studierte Mauersberger 1920–1925 am Leipziger Konservatorium u. a. bei Karl Straube. Nach Stationen als Dirigent und Organist in Aachen, Mainz und ab 1932 als Dozent für Chorleitung an der Musikhochschule Weimar wirkte er 1961–1972 als Thomaskantor in Leipzig und leitete daneben einige Jahre auch den Gewandhauschor.

Arthur Nikisch

1855–1922, ungarischer Dirigent. Seine besondere Stärke waren Interpretationen von Bruckner, Beethoven, Tschaikowski, Liszt und Brahms. 1878 kam er als zweiter Dirigent der Oper, kurzzeitig gemeinsam mit Gustav Mahler, nach Leipzig und löste 1895 Carl Reinecke als Gewandhauskapellmeister ab. Er begründetet 1918 die Leipziger Tradition der jährlichen Silvesteraufführung der 9. Sinfonie von Beethoven.

Günther Ramin

1898–1956, Organist, Komponist, Thomaskantor. Selbst Thomaner mit anschließendem Studium am Konservatorium, u. a. bei Karl Straube (Orgel), wurde er 1918 Thomasorganist, kurz darauf Gewandhausorganist und schließlich 1940 Thomaskantor in der Nachfolge von Karl Straube. Nach 1945 gelang es Ramin, dem Thomanerchor schnell wieder zu einem hohen internationalen Ansehen zu verhelfen.

Carl Reinecke

1824–1910, Komponist, Pianist und Dirigent. Sein Debüt in Leipzig gab der 19jährige 1843 unter Mendelssohn als Pianist im Gewandhaus. 1860 wurde er Gewandhauskapellmeister; das Amt hatte er 35 Jahre inne, er ist damit der dienstälteste Gewandhauskapellmeister überhaupt. Gleichzeitig war er Professor für Pianofortespiel am Koservatorium und galt als einer der besten Mozart-Interpreten seiner Zeit.

Hugo Riemann

1849–1919, Musikschriftsteller. Seine fundierte musikalische Ausbildung erhielt er bei Reinecke und Richter am Leipziger Konservatorium. Er war Begründer des »Staatlich sächsischen Forschungsinstituts für Musikwissenschaft«. Riemanns Bedeutung liegt auf dem Gebiet der Musiktheorie, die er von Grund auf erneuerte, wie er auch in der Musikgeschichte wegweisend war.

Karl Straube

1873–1950, Organist, Thomaskantor. Ab 1903 war er Organist an der Thomaskirche und Chordirigent des Bachvereins; 1907 Orgellehrer am Konservatorium, ab 1908 Professor daselbst. 1908 wurde er Thomaskantor und gründete 1919 das Kirchenmusikalische Institut am Konservatorium. Durch Rundfunkaufnahmen und Reisen machte er den Chor in Europa und Übersee bekannt.

Edgar Wollgandt

1870–1949, Violinvirtuose. Wollgandt studierte ab 1893 Violine bei Hugo Hermann in Frankfurt am Main. 1903 wurde er Konzertmeister des Gewandhausorchesters und Primarius des Gewandhaus-Quartetts. Außerdem war er Professor für Violine am Konservatorium und am Halleschen Konservatorium sowie Konzertmeister im Bayreuther Festspielorchester.

Personenregister

Musikstadt Leipzig. Ein Stadtrundgang
1. Auflage, 2011

Karte: Torsten Pape
Fotos: Torsten Pape, außer: Hans-Dieter Kluge (S. 1–2, 56–56), Gert Mothes (S. 11, 12, U6u), Punctum/Bertram Kober (S. 3u, 4u, 30, 50), Verlagsarchiv (S. 4o, 8o, 9, 10, 14, 15, 17–20, 22–26, 31–35, 37–40, 46o, 47, 54, 55, 57–62, U5, U6o)
Satz, Gestaltung: Gabine Heinze, TOUMAart, Leipzig
Herstellung: Bosch-Druck GmbH, Ergolding

Umschlag:
1 Thomaskirche
2 Westportal der Thomaskirche
3 Gewandhausorchester
4 Plakette am Mendelssohn-Haus
5 Neues (zweites) Gewandhaus, 1910

www. lehmstedt.de

ISBN 978-3-942473-09-5